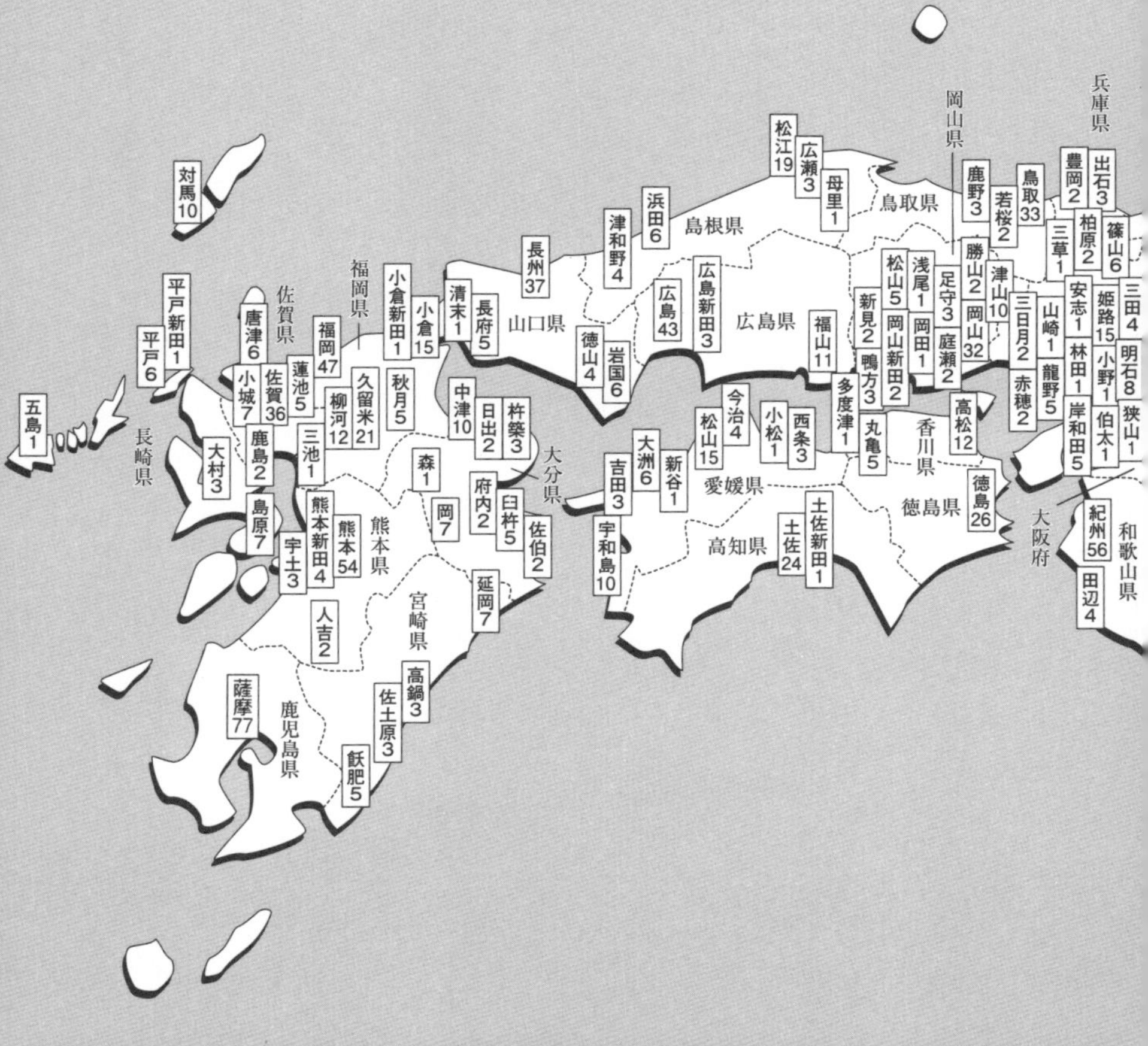
対馬10
平戸新田1
平戸6
五島1
長崎県
唐津6
佐賀県
小城7
佐賀36
蓮池5
福岡47
福岡県
大村3
鹿島2
三池1
柳河12
久留米21
小倉新田1
小倉15
秋月5
清末1
長府5
長州37
山口県
中津10
日出2
杵築3
大分県
森1
府内2
臼杵5
佐伯2
岡7
延岡7
島原7
宇土3
熊本新田4
熊本54
熊本県
人吉2
宮崎県
高鍋3
佐土原3
飫肥5
薩摩77
鹿児島県
津和野4
浜田6
島根県
松江19
広瀬3
母里1
鳥取県
徳山4
岩国6
広島43
広島新田3
広島県
福山11
吉田3
宇和島10
大洲6
新谷1
松山15
今治4
小松1
西条3
愛媛県
高知県
土佐24
土佐新田1
多度津1
丸亀5
香川県
高松12
徳島県
徳島26
岡山県
新見2
鴨方3
松山5
浅尾1
岡山新田2
岡田1
足守3
庭瀬2
勝山2
岡山32
津山10
鹿野3
若桜2
鳥取33
三日月2
赤穂2
山崎1
龍野5
三草1
豊岡2
柏原2
出石3
篠山6
兵庫県
安志1
姫路15
林田1
小野1
三田4
明石8
伯太1
岸和田5
狭山1
大阪府
紀州56
田辺4
和歌山県

シリーズ藩物語

佐賀藩

川副義敦……著

現代書館

プロローグ

佐賀藩物語

慶長十八年（一六一三）、鍋島勝茂が江戸幕府から三十五万七千石の知行《ちぎょう》を受け、佐賀藩の初代藩主となり、ここに鍋島家の佐賀藩が名実ともに成立することになった。戦国の九州を代表する「五《ご》州二島《しゅうにとう》★の太守　龍造寺隆信」亡き後の龍造寺家との跡目をめぐる確執、また、関ヶ原の戦いで、石田三成方の西軍についたことによる領地没収、お家取り潰しの危機を乗り越えた末の安堵であった。

こうして成立した佐賀藩は、肥前国内に他にいくつも藩が配されたものの、外様の大名としては比較的大きな、しかも肥前国で最大の三十五万七千石の石高を有したがゆえに、「肥前藩」を称することも許されていたのである。しかし一方で、藩内部の構造は複雑で、佐賀本藩のほか、鹿島《かしま》・小城《おぎ》・蓮池《はすのいけ》の「三支藩」、また、白石《しらいし》鍋島家・川久保神代《くましろ》家・村田鍋島家・久保田村田家の「親類」、さらに多久《たく》・武雄《たけお》鍋島・須古《すこ》鍋島・諫早《いさはや》のいわゆる龍造寺四家が「親類同格」として置かれ、いずれも大配分（自領内での大幅な自治権）を認められたものの、どれも佐賀藩領三十五万七千石の内高を分与さ

藩という公国

江戸時代、日本には千に近い独立公国があった

江戸時代。徳川将軍家の下に、全国に三百諸侯《しょこう》★の大名家があった。ほかに寺領や社領、知行所《ちぎょうしょ》★をもつ旗本領《はたもとりょう》などを加えると数え切れないほどの独立公国があった。そのうち諸侯を何々家《け》家中《かちゅう》と称していた。家中は主君を中心に家臣が忠誠を誓い、強い連帯感で結びついていた。家臣の下には足軽《あしがる》層《そう》★がおり、全体の軍事力の維持と領民の統制をしていたのである。その家中を藩と後世の史家は呼んだ。

江戸時代に何々藩と公称することはまれで、明治以降の使用が多い。それは近代からみた江戸時代の大名の領域や支配機構を総称する歴史用語として使われた。その独立公国たる藩にはそれぞれ個性的な藩風《はんぷう》と自立した政治・経済・文化があった。幕藩体制とは歴史学者伊東多三郎《いとうたさぶろう》★氏の視点だが、まさに将軍家の諸侯の統制と各藩の地方分権が巧く組み合わされていた、連邦でもない奇妙な封建的国家体制であった。

今日に生き続ける藩意識

明治維新から百四十年以上経っているのに、今

▶**五州二島**＝肥前・肥後・筑前・筑後・豊前と対馬・壱岐

れたにすぎなかった。そのため、佐賀本藩では藩政初期に二度の三《さん》部上地《ぶじょうち》（知行三〇パーセントを献納させる）を行い、蔵入地の増加を図らなければならないほどであった。

こうした慢性的な財政難に加え、鎖国の体制下、寛永十九年（一六四二）には海外に開かれた日本の唯一の扉である長崎の御番（長崎警備）が命ぜられ、以後、佐賀藩は福岡藩と隔年交替で長崎警備を義務付けられた。これは幕末にいたるまで人的・物的にも莫大な負担として、佐賀藩に重くのしかかった。だが、佐賀藩はこの莫大な負担と引き換えに、西洋を中心とする海外情報や文明をいち早く取り込む機会を手にすることになったのである。

江戸後期、一八三〇年代から本格的に始動する藩政改革は、そうした佐賀藩の置かれた歴史的・地理的な要因と十代藩主鍋島直正の開明・進取の気性を背景に、西洋の文明を積極的に導入した結果に拠るものが大であると評価されている。そして、そのことが佐賀藩を幕末最大の近代的軍事力を備える雄藩へと押し上げた。

本書では、幕末を代表する雄藩へと成長した佐賀藩とその後の佐賀の姿も記述した。本シリーズのテーマである「物語」として、佐賀の歴史の一端に触れていただければ幸いと思う。

でも日本人に藩意識があるのはなぜだろうか。明治四年（一八七一）七月、明治新政府は廃藩置県《はいはんちけん》★を断行した。県を置いて、支配機構を変革し、今までの藩意識を改めようとしたのである。ところが、今でも、「あの人は薩摩藩の出身だ」とか、「我らは会津藩の出身だ」と言う。それは侍出身だけでなく、藩領出身も指しており、藩意識が県民意識をうわまわっているところさえある。むしろ、今でも藩対抗の意識が地方の歴史文化を動かしている。そう考えると、江戸時代に育まれた藩民意識が現代人にどのような影響を与え続けているのかを考える必要があるだろう。それは地方に住む人々の運命共同体としての藩の理性が今でも生きている証拠ではないかと思う。

藩の理性は、藩風とか、藩是《はんぜ》とか、ひいては藩主の家風ともいうべき家訓などで表されていた。

〔稲川明雄（本シリーズ『長岡藩』筆者）〕

諸侯▼江戸時代の大名。

知行所▼江戸時代の旗本が知行として与えられた土地。

足軽層▼足軽・中間・小者など。

伊東多三郎▼近世藩政史研究家。東京大学史料編纂所所長を務めた。

廃藩置県▼藩体制を解体する明治政府の政治改革。廃藩により全国は三府三〇二県となった。同年末には統廃合により三府七二県となった。

シリーズ藩物語 佐賀藩

――目次

これも佐賀

第一章 佐賀藩前史

龍造寺氏から鍋島氏へ 版図が移った肥前に秀吉が到着。

1 龍造寺氏の仁政を継いだ鍋島氏

龍造寺氏は鍋島氏の参戦によって田手畷の戦いに勝利した。
以後、龍造寺・鍋島の強固な主従関係が築かれ
龍造寺家兼の仁政をもって領国支配が行われた。

戦いが結んだ龍造寺氏と鍋島氏

近世の佐賀藩を語る前に、まず、佐賀藩前史として中世の龍造寺《りゅうぞうじ》氏の肥前国《ひぜんのくに》支配と近世佐賀藩の主役となる鍋島氏との関係から話を進めたい。

戦国時代、九州を代表する三大名の中で、豊後《ぶんご》★の大友氏や薩摩★の島津氏がともに鎌倉期以来の守護★としての権力基盤をもとに、室町時代には守護大名から戦国大名へと安定的に成長を遂げたのに対して、のちに戦国肥前の覇者となる龍造寺氏は、出自に不明な点が多い。

龍造寺氏について通常伝えられるのは、肥前国佐嘉郡《さがぐん》にあった甘南備峰城主《かんなびのみねじょうしゅ》高木氏の二男南次郎季家《なんじろうすえいえ》を始祖とし、季家が同郡南部の龍造寺村に居住していたことから「龍造寺」を称するようになったということで、一般には在地の有力土

▼**豊後**
旧国名。現在の大分県の大部分を占める地域。

▼**薩摩**
旧国名。現在の鹿児島県西部地方。

▼**守護**
鎌倉・室町幕府の職制。源頼朝が国ごとに設置、国内武士への統率権・警察権を有した。

豪が戦国大名へと成長したとする見方が定着している。

龍造寺隆信《たかのぶ》の曾祖父にあたる家兼《いえかね》（剛忠）の時、龍造寺氏が少弐資元《しょうにすけもと》の部将として周防《すおう》山口に本拠を置く大内義隆配下の軍と衝突した享禄《きょうろく》三年（一五三〇）の神埼田手畷《かんざきたでなわて》の戦いが起こった。北部九州から西九州にかけて版図《はんと》を拡大しようとする大内勢の一万余、これを迎え撃つ少弐勢の中心となった龍造寺軍一千余と周辺の諸将、この双方が肥前国神埼の田手畷で激突した戦いであった。

九州の三強 天正８年（1580）頃

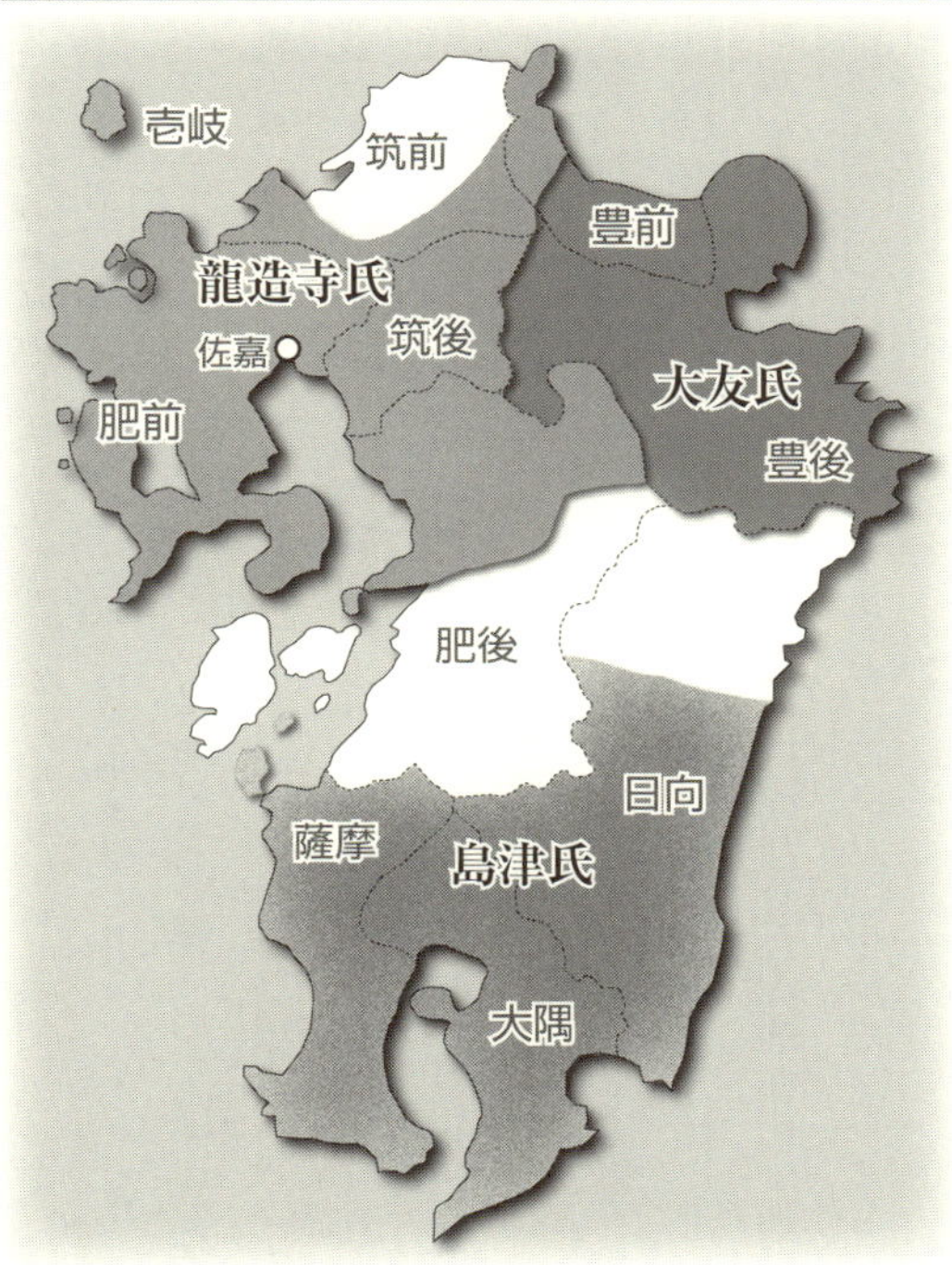

県指定重要無形民俗文化財、鹿島市母ヶ浦《ほうがうら》の「面浮立《めんぶりゅう》」（提供：佐賀新聞社）

龍造寺軍の敗色濃厚な中、鍋島清久・清房父子ら数十人の武士が赤熊《しゃぐま》（モンゴル高原に棲息するヤクの毛。ここでは麦藁を赤く染めた程度のものであったと思われる）を被《かぶ》り、村田楽《むらでんがく》★の祭りと見せかけて敵陣への突撃を敢行、大内勢の混乱を誘い勝利の因を開いたとされるもので、佐賀の面浮立《めんぶりゅう》の始まりとも伝えられる著名な戦いである。この勝利により、龍造寺氏は本領の与賀本荘《よかのほんじょう》★八〇町、龍造寺村八〇町、与賀荘一〇〇〇町などに合わせ、少弐氏から佐賀の南、川副《かわそえの》荘《しょう》一〇〇〇町を拝領、肥前国の中で重要な地歩を固めることとなった。

田手畷の戦いの勝利を喜んだ龍造寺家兼は、自分の孫娘を鍋島清房に嫁がせ姻《いん》戚《せき》関係を結んだ。この二人の間に誕生したのが鍋島信昌《のぶまさ》、後に近世佐賀藩の藩祖と仰がれる鍋島直茂《なおしげ》である。この時期に形成された龍造寺氏と鍋島氏の強固な主従関係は龍造寺領国発展の主軸となり、同時に近世鍋島氏による藩体制形成の出発点になったと言える。

家兼はまた、群雄戦国の中、龍造寺一族の生き残りを図る意図から、龍造寺村の居館村中城《きょかんむらなかじょう》（村中龍造寺家＝龍造寺村の中の龍造寺家の意）のほか、その南東の地に城を構え、これを分家として水ヶ江《みずがえ》城（水ヶ江龍造寺家）とした。「水ヶ江」という名は、もとは「水の家（水《みず》が家《え》）」の意で、水の中に住むという「龍」との関連で、「龍の家」、すなわち「龍造寺の館」を意味するものである。

▼村田楽
田植えなどの農耕儀礼に際して行われた歌舞。

▼荘
荘園。平安〜室町にかけて成立した貴族・寺社・豪族らの私的領地。

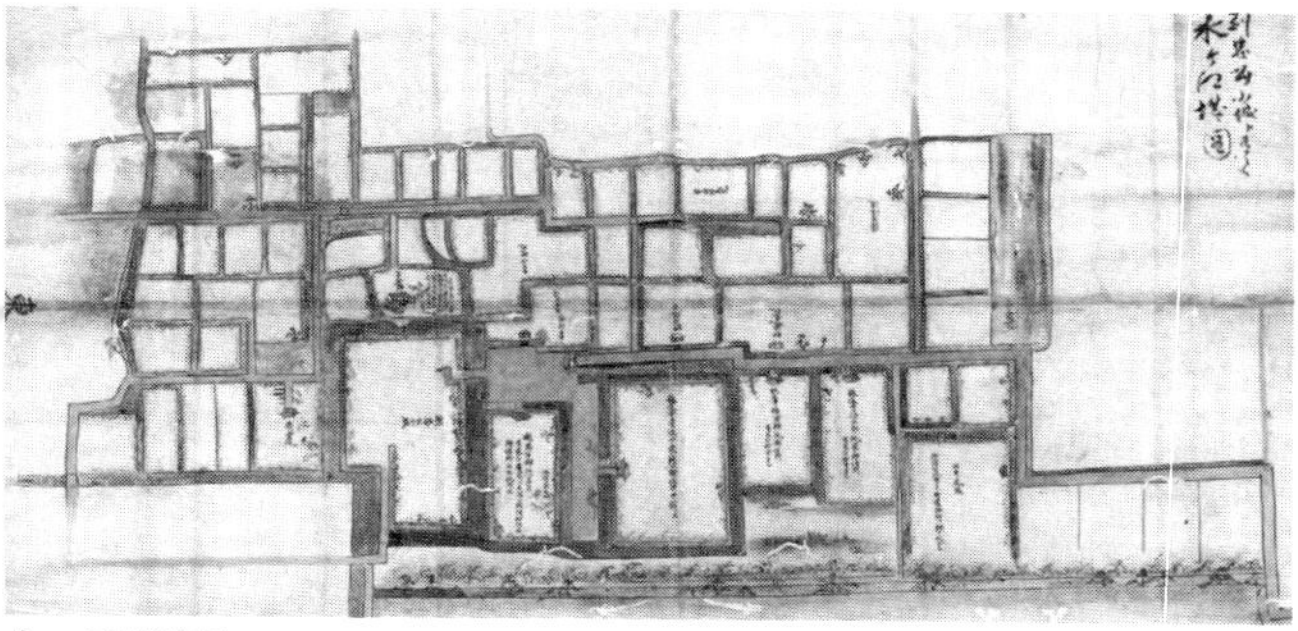
水ヶ江城絵図
（佐賀県立博物館蔵）

龍造寺一族を偲ぶ万部島《まんぶじま》

その後、天文《てんぶん》十三年（一五四四）暮れから翌年正月にかけて、龍造寺と次第に不仲となった少弐冬尚《ふゆひさ》は肥前の武将を集めて家兼の拠る水ヶ江城を攻めた。家兼は水ヶ江城を明け渡し、筑後一ッ木《ちくごひとつき》★への退却を余儀なくされ、時を同じくして筑《ちく》前《ぜん》★に向かった子の家純《いえずみ》・家門《いえかど》、孫の純家は、佐賀の北部、川上の与止日女神社《よどひめじんじゃ》の社頭で少弐氏の軍に攻められ壮絶な最期を遂げた。また、冬尚の居城する神埼の勢福寺城《せいふくじじょう》へ和議に向かった孫周家《かねいえ》・家泰《いえひろ》・頼純《よりずみ》も神埼祇園原《ぎおんばる》で戦死、龍造寺一族の主だった者たちのほとんどすべてが悲壮な最期を遂げることとなった。

家兼は一ッ木で筑後の武将蒲池《かまち》鑑盛の庇護《ひご》を受け勢力を回復、天文十四年（一五四五）、失地を奪還する。しかし、この翌年には、長老として長い間一族の興廃を背負ってきた彼は、九十三歳で波乱の生涯に幕を閉じた。

龍造寺家兼は、永正《えいしょう》二年（一五〇五）、水ヶ江城内に一〇〇人の僧侶を請《しょう》じ大《だい》乗妙典《じょうみょうてん》一万部を読誦《どくじゅ》させ、国土安穏・子孫繁栄を祈らせた。さらに天文十四年、水ヶ江城を奪還し一族の仇敵《きゅうてき》であった少弐氏の部将馬場頼周《ばばよりちか》・政員《まさかず》父子を討ち果たした後にも、再び一万部の読誦を結願《けちがん》★、自らも精進潔斎《しょうじんけっさい》して毎日焼香礼拝したほか、領民にはかねて蓄えおいた財物を残らず蔵から出し、借用した金銀も

川上の与止日女神社（河上神社）

▼**筑後一ッ木** 筑後は旧国名。現在の福岡県大川市内の地名。現在は一木。

▼**筑前** 旧国名。現在の福岡県北西部。

▼**結願** 催した法会・修法が終了すること。

ことごとく免除するという徳政《とくせい》を布いた。家兼は、「我が子孫の中で秀でた者があれば、下民《かみん》を撫育《ぶいく》し慈恵《じけい》を垂れて家臣をあわれみ、人道を勤め怠ることがなきようにせよ」と説いたという。

人々はこの家兼の仁政《じんせい》を語り伝え、永く偲んだ。その後、鍋島の世に替わっても江戸時代末の藩主鍋島直正《なおまさ》まで代々の藩主が同様の法要を営み、結願の石碑一一基が建てられている。この地を万部島《まんぶじま》といい、現在も佐賀市城内の一隅にこの地が残されている。

佐賀にはひと昔前まで、非常に古い昔のことを指して言う「剛忠さんの時代」という言葉があった。剛忠とは、家兼の法名である。何かの慣習などをたとえて「そんなことは剛忠さんの時代からそうなっとる」などと言う。佐賀では、龍造寺家兼は、人々にとって非常に身近で、そして敬愛される存在であった。

万部島

②五州二島の太守　龍造寺隆信の時代

龍造寺家兼の遺言によって還俗した曾孫隆信は
母慶誾の男勝りの気丈さを受け継いで勢力を拡大していく。
しかし隆信が不慮の死を遂げたため、政権は鍋島氏へ移ることとなった。

龍造寺隆信の登場

龍造寺隆信は、田手畷の戦いの前年、享禄二年（一五二九）に水ヶ江城東館天神屋敷（現佐賀市中館《なかのたて》）の水ヶ江龍造寺家で周家《かねいえ》と慶誾《けいぎん》夫人の間に生まれた。幼名は長《ちょう》（千代）法師丸《ほうしまる》を名乗り、容貌雄偉《ようぼうゆうい》、眼光炯々《がんこうけいけい》であったと伝えられる。幼い時より聡明で、「出家すると必ず仏道を悟り、九族天《きゅうぞく》に生るるの果《か》を得べし（祖先にまで魂が通じて大人物となる）」との教えから、天文四年（一五三五）七歳で家兼の三男豪覚《ごうかく》和尚の宝琳院《ほうりんいん》（現佐賀市赤松町）に入り出家、円月《えんげつ》と号した。

しかし、天文十四年の龍造寺一族存亡の危機という大混乱の中、「宝琳院の円月は、性格は優れて伸び伸びとして大志がある。今後、家を復興させるのは彼である。時機を見て還俗《げんぞく》させよ」という曾祖父家兼の遺言により、十七歳で還俗、

龍造寺隆信画像（宗龍寺蔵）

水ヶ江龍造寺家を継ぎ、胤信《たねのぶ》を名乗り、さらに天文十七年には本家村中龍造寺家も併せて継承、十九歳で名実ともに龍造寺一族の代表者となった。

だが、天文二十年には、この若き当主に対する不信感から家臣土橋栄益《つちはしみつます》らの反逆が起こり、隆信は一時的に筑後に退去した。しかし、天文二十二年には再び佐嘉城を奪還、永禄二年（一五五九）には龍造寺一族の仇敵少弐氏を神埼の勢福寺城に滅ぼし、以後、肥前国内の攻略を進めることとなる。

慶誾《けいぎん》こそ佐賀女性の代表格

こうした若き隆信と龍造寺一族の行く末に危惧を抱き、家臣団の分裂を回避しようと考えたのが隆信の母慶誾《けいぎん》★である。

弘治二年（一五五六）春、慶誾は突如、大胆な行動に出た。妻を亡くした、鍋島信昌の父清房のもとに、突然、押しかけ女房として嫁いだのである。慶誾四十八歳の時のことであった。

この珍事は周囲の者たちを大いに驚嘆させた。しかし、慶誾には慶誾の考えがあった。「龍造寺記」によれば、慶誾は「今天下定まらず、諸侯が雄を争うて威を立つる所以《ゆえん》は人を得るにある。吾、当家の諸士を見るに、鍋島の子信昌に如《し》くはなし。彼と隆信と兄弟の縁を結ばしめば、吾が家を興すことができよう」とひ

▼慶誾
龍造寺胤和の娘。俗名は不明。法名「慶誾妙意大姉」から一般に「慶誾」「慶誾尼」と呼ばれる。

とり頷いた。隆信と信昌（直茂）が義兄弟となったことにより、後年、鍋島信昌はよく隆信を輔弼《ほひつ》し、戦場ではその知略で難局を切り抜け、龍造寺家の興隆に尽くした。この時の慶誾の行動は間違っていなかったのである。

鍋島文庫「普聞集《ふもんしゅう》」によれば、慶誾のことを「勇気アッテ常ニ短刀ヲタズサフ」と記している。

また、「肥前論語」と呼ばれ、時に佐賀の代名詞ともなる武士道書『葉隠聞書《はがくれききがき》』（『葉隠』）には、豊臣秀吉の朝鮮出兵に際し、秀吉が母の病気のため一旦東上、再度、肥前名護屋城へ下向《げこう》の折、佐嘉上道（佐賀市北部を通り、小城《おぎ》・唐津方面へ向かう道）を通ったが、「川上川の下、名護屋の渡りと云ふは其の時の御渡《お》筋故《わたりすじゆえ》申し候、其の節見物仕り候者の話に、太閤は小男にて、（中略）御供中駕籠に乗りたる衆一人もこれなく候、此の節慶誾様御了簡《ごりょうけん》にて、在々《ざいざい》より戸板を出し、竹四本立て候て戸板を据ゑ、飯をかたく握り、土器に盛りならべ、尼寺《にいじ》（名護屋渡しの東）通筋道端に出し置き候様にと仰付けられ候、太閤様御通り懸けに御覧なされ、これは龍造寺後家が働きなるべし、食物なき道筋にて上下難儀の処、心付け候事奇特《きとく》なりと仰せられ、手に御取り候て、武辺の家は女迄斯様《かよう》に心働き候、此の堅き握り様を見よと御褒美なされ候」と、秀吉をもさすがとうならせた慶誾の武家の女性としての心遣いの様子が記されている。この時、慶誾はすでに八十歳半ばの老齢であったが、このように終生変わらぬ彼女の男勝りな気丈さは、何事にも臆することのない佐賀の女性の代表格として語られている。

「佐賀の桶狭間」の功労者

元亀《げんき》元年（一五七〇）八月、豊後の大友宗麟《そうりん》は次第に勢力を拡大、肥前国をも掌中におさめようと龍造寺の佐嘉城攻撃を決断、一族の大友八郎親貞《ちかさだ》を大将として周辺の諸将も誘って六万の大軍で佐嘉城を包囲した。

敗色が濃厚な中、城内では、家臣らが恐怖に打ち震え動揺を顕《あらわ》にしていた。そのような中、慶誾が彼らの前に進み出て「私の見るところ、城中の者は皆、敵の猛威に呑まれ、猫に会うた鼠のようだ。今夜敵陣に切りかかり、死生二つの勝負を決することこそ男子の本懐ではないか」と檄を飛ばした。

慶誾のこの言葉に励まされ、部将鍋島信昌は九死一生の夜討ちを決意。わずか一七騎で佐嘉城を出発、道々で加勢の兵を得、三百余兵となって八月二十日の早朝、佐賀北部の山あい〝今山〟に布陣した大友親貞の本陣へたどり着いた。『九州治乱記』によれば、信昌が陣所《じんしょ》★に忍び寄り眺めたところ、大将と思われ

▼陣所　陣屋。陣営のこと。

今山合戦図

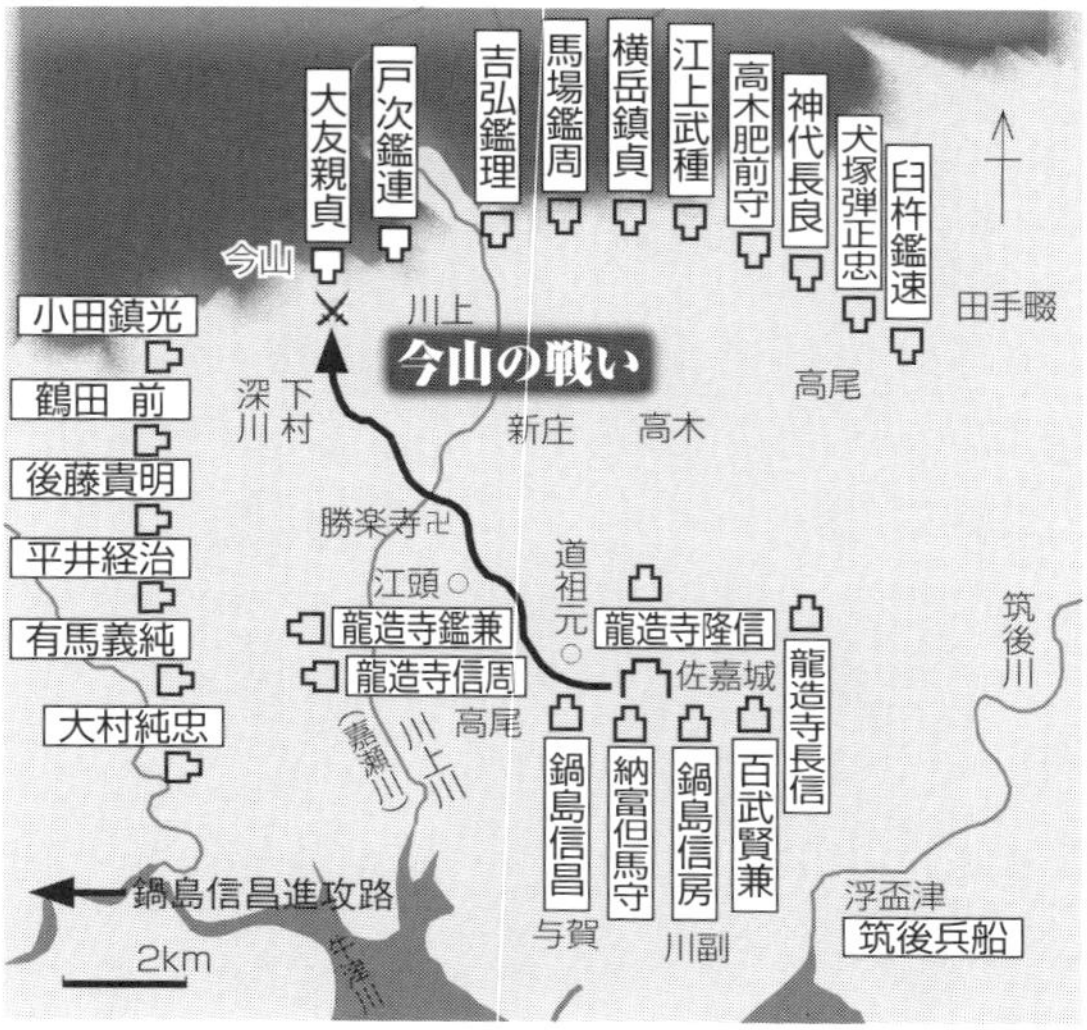

る三十余歳の肥満の色白い男が床几《しょうぎ》に腰掛け、酒をあおっていたという。これを見た信昌は、すでに夜も明けた卯《う》の刻《こく》（午前六時）頃、法螺貝《ほらがい》や釣鐘《つりがね》を鳴らさせ、鬨《とき》の声を上げて敵の本陣へ殺到した。その音は、山彦《やまびこ》となって周囲の山々に木霊《こだま》し、大友勢はすさまじい大軍が押し寄せたと周章狼狽《しゅうしょうろうばい》、同士討ちをし、また、逃げ惑う者たちで大混乱をきたした。この中、龍造寺四天王の一人成松信勝《なりまつのぶかつ》が親貞を打ち取り、大友勢を撃退した。これが「佐賀の桶狭間」とも称される今山の戦いで、龍造寺隆信の勢力拡大の契機となったと言われる。『歴代鎮西志《ちんぜいし》』には「隆信の猛威ここに始まり、信昌の武風これより興る」と評され、鍋島信昌の武名をとどろかせた戦いとして九州の戦国史上でも著名な戦いである。

鍋島家の家紋である翹葉《ぎょうよう》の紋は、この戦いで信昌が、篝火《かがりび》の中に美しく照り映えた大友家の家紋を戦勝の記念に自らの家紋として奪ったものと伝えられる。

勢力を伸ばす隆信

その後、隆信は、周辺諸国に兵を進め、天正九年（一五八一）頃には、周辺五カ国に勢力を及ぼし、「五州二島の太守《たいしゅ》」の名で呼ばれるようになった。『歴代鎮西要略』には、「隆信を五州太守と呼ぶは、けだし此時の事也、其の旗下に属し、其の指揮に従う兵馬二十万騎に及ぶ」とあって、さらに「是に於て島津・大友・

今山古戦場遠望と古戦場碑（右）

龍造寺、鎮西を三分する、各一有り、恰《あたか》も三国の鼎《かなえ》の如く、亦《また》九州二島を併呑《へいどん》せんと欲す」と記している。

永禄六年（一五六三）に来日したポルトガルのイエズス会宣教師ルイス・フロイスは、龍造寺隆信を、その著『日本史』の中で「キリシタン宗団の大敵、かつ暴君であり、その上、迫害者であった」と、悪魔のごとく非難し畏怖した。

「分別《ふんべつ》も久しくすればねまる」――『葉隠』に見える龍造寺隆信の言葉である。「ねまる」とは、佐賀の方言で「腐る」の意味。「名案も実行の機会を失うと意味のないものになる」という、現代社会にも十分通ずる言葉でもある。思考→決断→実行という、状況に即応した判断力と行動力を常に余儀なくされた、いかにも戦国乱世の時代に生きた武将らしい言葉である。彼はまた、情報収集とその解析能力にも優れたものがあり、それがフロイスらを恐怖させる暴虐なほどの行動力を支えていたものと考えられている。

沖田畷の戦い後の政情

しかし、隆信が「五州二島の太守」と仰がれる前後の頃から薩摩の島津氏との支配圏をめぐる対立が激化、天正十年（一五八二）、島原半島の有馬《ありま》鎮貴《しげたか》が離反するに及んで双方の勢力は衝突した。天正十二年、出陣を思いとどまらせようとする鍋島信生《のぶなり》(信昌の改名。のちの直茂)の諫《いさ》めも聞き入れず、隆信は出陣した。現在の島原市郊外の沖田畷《おきたなわて》で両軍が激突、龍造寺軍は六万とも記される圧倒的な兵力を擁したものの、総勢一万足らずの島津・有馬方の戦術の巧みさの前に惨憺《さんたん》たる敗北を喫し、隆信自身も不慮の死を遂げた。享年五十六歳、戦国の世をひたすらに駆け抜けた生涯であった。

島原での隆信の戦死により、龍造寺領国体制はたちどころに揺らぐこととなった。島津氏が近く来襲するとの流言もあり、佐賀領内には不穏の空気が低迷した。隆信の子政家は、父亡き後の領国経営に苦慮しており、叔父の龍造寺信周《のぶかね》は宿老《しゅくろう》★と相談して、筑後の柳川城を守備していた鍋島信生を呼び戻した。島原で戦死したも同然の身なればと、一度は辞退した信生も、やがてはこれに応じ、佐賀に戻ったため、城下の不安は一掃された。

天正十五年一月、一万六千余の秀吉軍が出動した。九州出兵である。龍造寺政家は信生とともに出兵、五月には薩摩の島津氏が降伏、秀吉の九州平定が実現した。六月には、政家は秀吉から肥前一国を与えられた。しかし、これを不満に感じたのか、政家は肥後の一揆《いっき》平定には出兵しようとせず、このことが秀吉の怒り

沖田畷合戦図

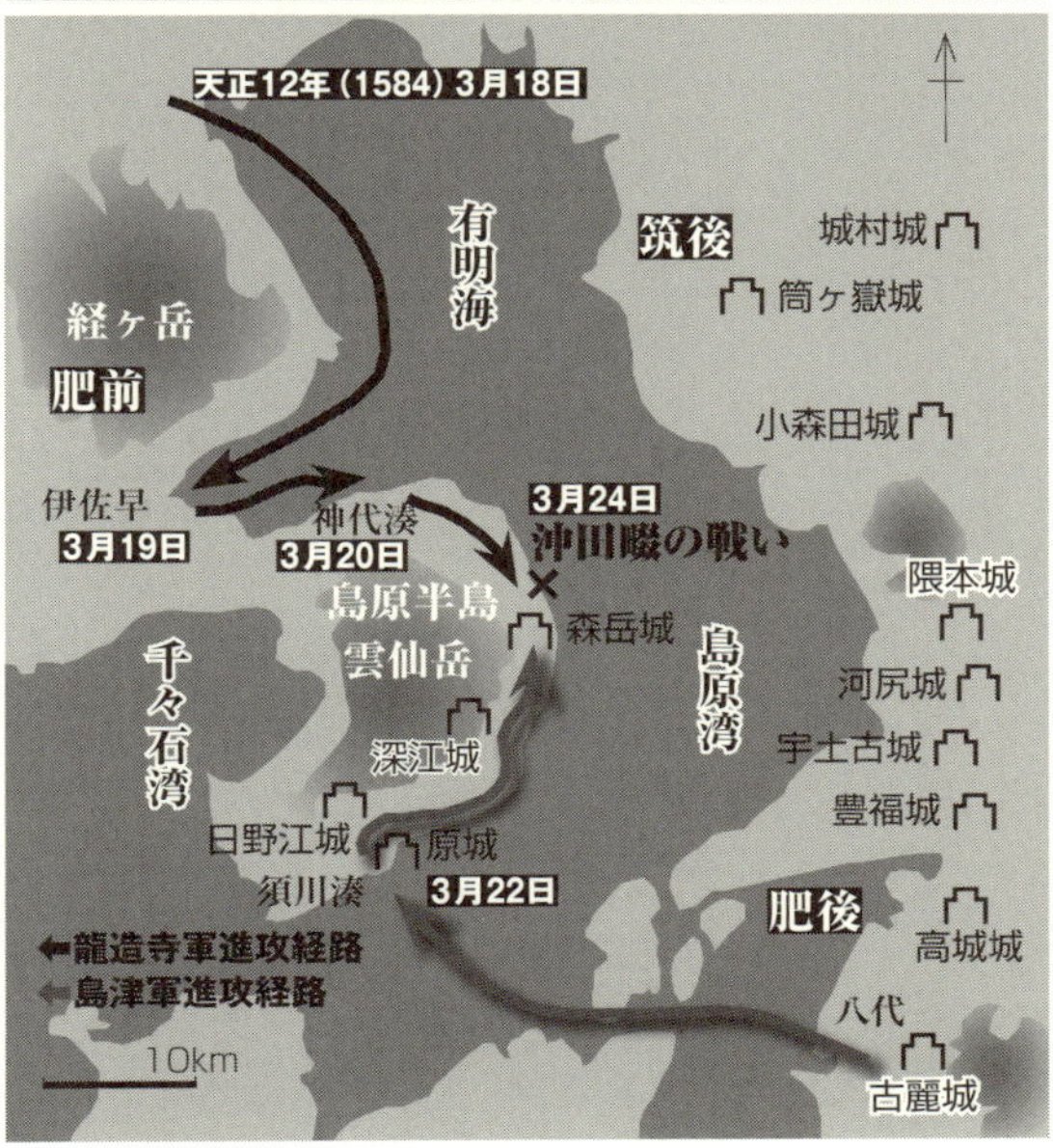

▼宿老
経験を積んだ老巧な重臣。

を買うこととなったが、ここは鍋島信生の弁解によって事無きを得た。

この後、政家は肥前を充行《あてが》われた御礼言上《おんれいごんじょう》のため上洛《じょうらく》し、侍従《じじゅう》に任ぜられたが、病のため長くは奉公できず、嗣子《しし》長法師丸（のちの高房）も幼少のため代理を務めることができなかった。

このため慶誾が「今、飛驒守《ひだのかみ》（鍋島信生）以外には、天下に御奉公を続け、家を存続することのできる者はいない。信生は隆信と兄弟であるので、政家の家督は飛驒守が継いで当然である。そして長法師丸は飛驒守が取り立てるべきである」と提言したため、衆議は一決した。

天正十六年正月には、政家は嫡子《ちゃくし》長法師丸を信生の養子として、信生に龍造寺の名字を与えた。この行動の背景には、龍造寺家存続のための政治的判断があったものと考えられる。

天正十七年、信生は秀吉より従五位下《じゅうごいげ》・加賀守《かがのかみ》を拝命、この時、直茂と改名した。翌年春、政家は病弱を理由に三十五歳で隠居、龍造寺の家督はわずか五歳の長法師丸が継いだものの、鍋島信生への政権移譲はいっそう進むこととなった。

鍋島直茂画像
（鍋島報效会蔵）

龍造寺家略系図

数字は家督の代数

＝ は養子

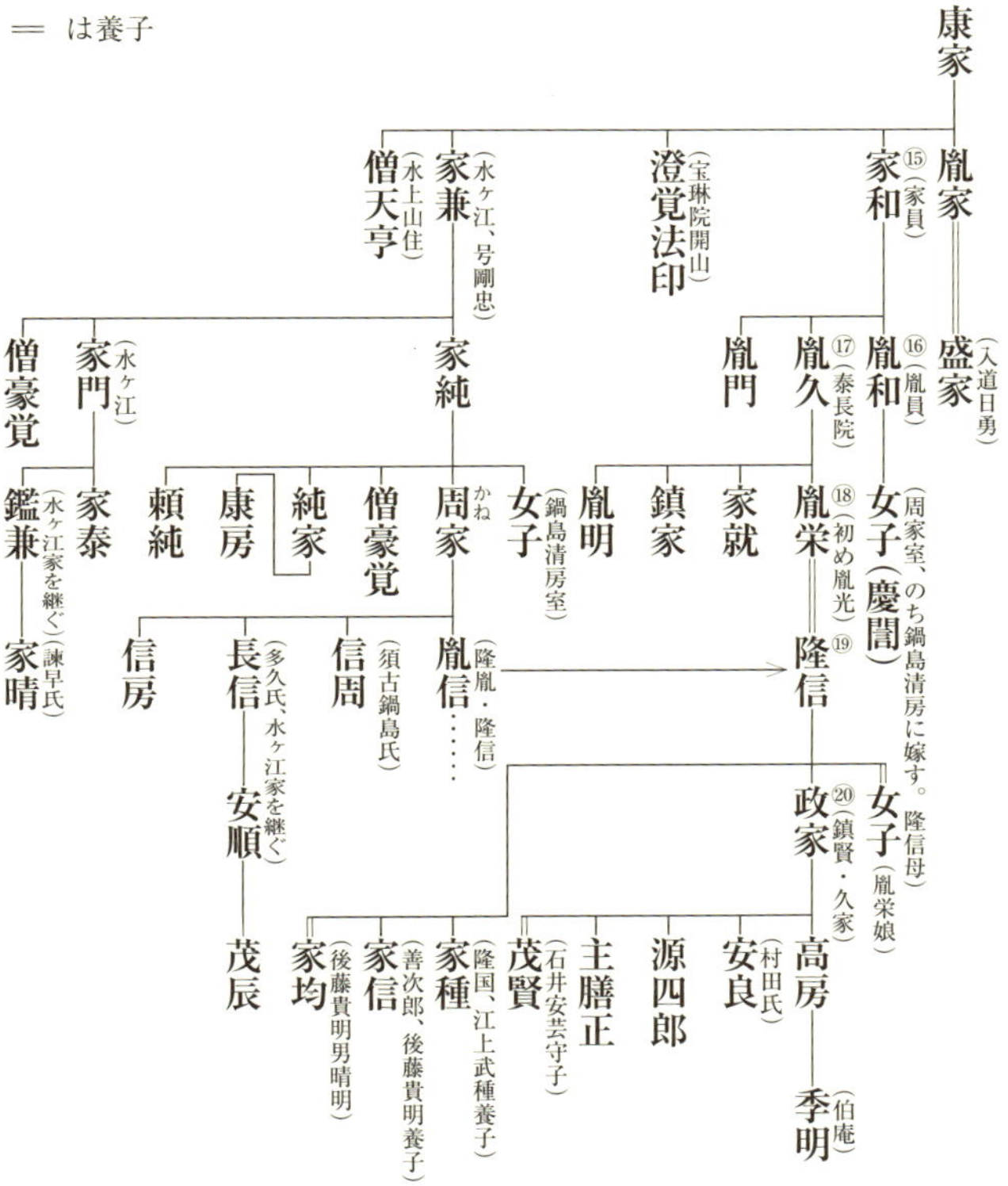

鍋島家略系図

＝ は養子

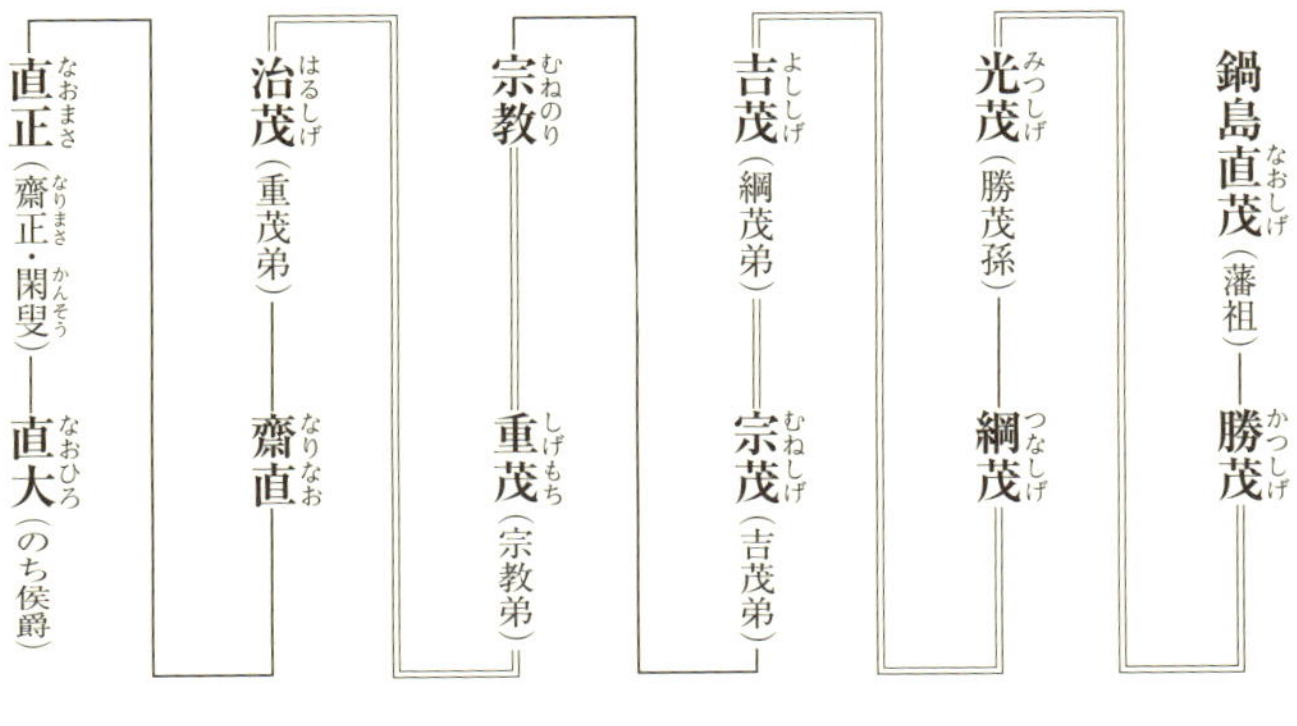

③ 唐入りの基地　名護屋

豊臣秀吉によって天下統一がなされ
大陸進出の基地として名護屋城が築城された。
二度にわたる「朝鮮の役」では壮絶な戦いが繰り広げられた。

秀吉の天下統一と外征計画

およそ百年を超す戦国群雄の混乱をまとめ、時代の覇者となったのは豊臣秀吉（一五三六〜九八）であった。天正十年（一五八二）、織田信長が本能寺の変で明智光秀に殺害されると、山崎の戦いで光秀を倒し、次いで賤ヶ嶽《しずがたけ》の合戦で柴田勝家を破り、即座に信長の継承者としての名乗りを上げた。

秀吉は、割拠する群雄（大名）を従え統合するための後ろ楯となる権威を天皇に求め、天正十三年七月には、関白の地位を手にした。そして九月、家臣に宛てた手紙に「日本国のことは申すに及ばず、唐国まで」征服するつもりであると、「唐入り」を表明したのである。「唐入り」とは、秀吉が企図した明《みん》（中国）への侵攻計画と、そのための軍事動員のことを言う。

豊臣秀吉肖像（高台寺蔵）

この年、土佐の長宗我部元親《ちょうそかべもとちか》を制圧し、四国平定。翌年には秀吉は、太政大臣となって、天皇より豊臣の姓を賜った。

天正十五年には、薩摩の島津氏を制圧して九州を平定するが、これを機として領土拡張を目的に本格的な大陸侵略を計画していく。

前線基地の名護屋城

天正十八年(一五九〇)、小田原の後北条氏を、さらに奥州の伊達氏を降伏させたことで天下統一を果たした秀吉は、翌十九年十月から諸大名に命じ、大陸侵略の基地として、現在の佐賀県唐津市肥前町に名護屋城の築城を開始、東西七〇〇メートル、南北五〇〇メートル、総面積一四万平方メートルに及ぶ広大な城が、五カ月足らずで完成したという(平成六年〈一九九四〉の発掘で「天正十八年」銘の瓦が出土し、従来説に波紋が投げかけられた)

イエズス会宣教師ルイス・フロイスも『日本史』の中で「わずか数カ月で、素晴らしい出来映えの関白の宮殿や城が見事に築かれたばかりか、その原野には一つの新都市が短時日の間に建設された」とその変貌ぶりに驚いたという。実際、ほとんどが突貫工事でなされたようで、佐賀鍋島氏の管轄下にあった蓮池《はすのいけ》城の天守なども大急ぎで解体されて運ばれ、名護屋城の大手★の櫓に造り変えられたと

▼大手
城の表門。

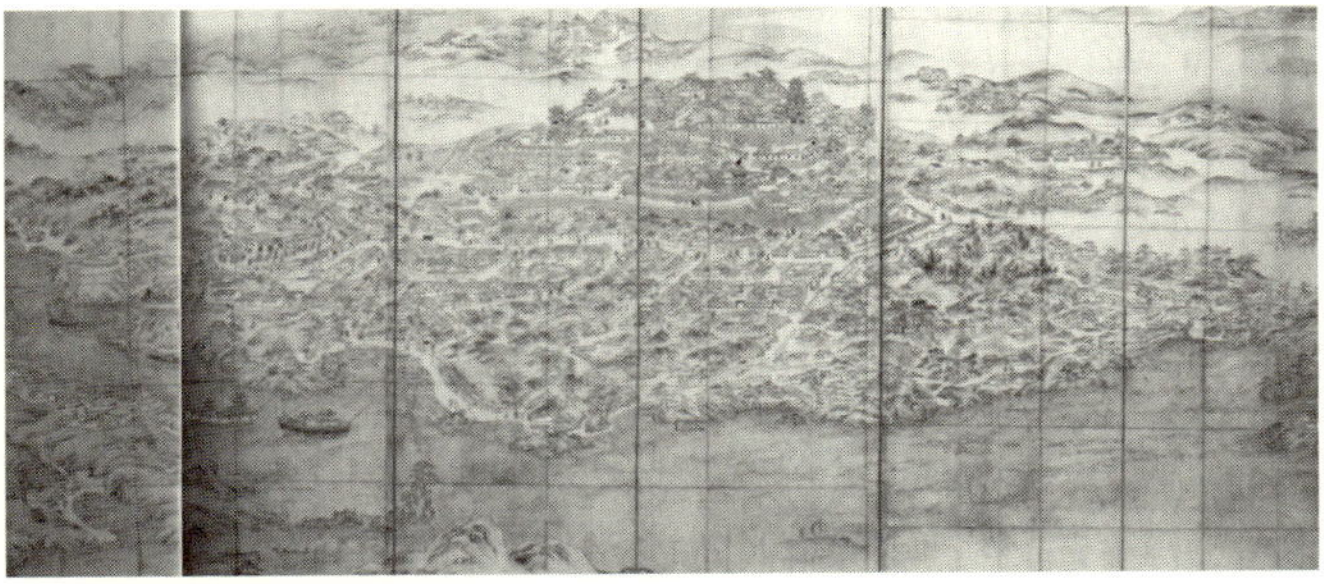

肥前名護屋城図屏風
(佐賀県立名護屋城博物館蔵)

いう。

空前ともいえる大工事の結果、天正二十年春に完成した名護屋城は、七重五層の天守閣★と城壁をもち、本丸★には書院造★正殿や数寄屋★などを構え、秀吉の居館である山里丸《やまざとまる》には月見櫓、数寄屋、能舞台などが配された。また、天守閣を中心に周囲には、徳川家康をはじめ、前田利家、黒田長政、加藤清正、小西行長など各地の大名たちの一三〇もの陣屋が配置されたほか、城下の町並みが連なり、湾には秀吉の鉄鋼軍船「日本丸」が浮かび、まさに盛観を呈した。

朝鮮出兵の七年間で在陣一〇万、出兵二〇万、計三〇万人もの人々が名護屋城の周辺に結集したという。

秀吉の名護屋在陣

天正二十年（一五九二）正月、秀吉は朝鮮半島侵攻の命令を下し、三月一日を出兵の日と定め、本格的な侵略「唐入り」がいよいよ始まった。九番編成、一五万八千余の大軍が朝鮮国に渡り、名護屋には約一〇万人が在陣した。

秀吉自身も三月二十六日に京都を出立、筑前（福岡県）名島より海路をとり、四月二十五日、名護屋に到着した。名護屋入りの賑々《にぎにぎ》しさを津和野《つわの》★城主吉見《よしみ》元頼は『朝鮮日記』で以下のように伝えている。

▼天守閣
城郭の中心を占める最大の櫓のこと。

▼本丸
城の中心部に位置する主要な地域。

▼書院造
平安末～江戸初期に完成した住宅建築の様式。

▼数寄屋
茶室風の建築物のこと。

▼津和野
現在の島根県南西部の地名。

「秀吉はのおどしの鎧《よろい》（白い糸で組んだ鎧）に朱鞘刀《しゅさやのかたな》、小姓たちの小袖は紅」

「名護屋の天守をご覧になると、馬上から鬨《とき》の声をお挙げになったので、後ろに七里つながる軍勢、前は名護屋の四方、はたまた海上の船にまで轟きわたり、唱和する鬨の声が十郷四方に鳴り響いてしばらく静まらなかったそうな」（山室恭子著『黄金太閤』）

また、常陸《ひたち》★佐竹氏の家臣平塚滝俊《ひらつかたきとし》の手紙『中外経緯伝《ちゅうがいけいいでん》』から「上様（秀吉）は作りひげをお付けになって髪は一束にお結いになり……金銀の馬鎧《うまよろい》を着せられた馬たちや金銀で飾られた小荷駄《こにだ》……金の幟を六十六本立て……」（同前）

さらに、佐賀県には、以下のような説話が残されている。

・秀吉は、名護屋城到着の前に唐津の虹《にじ》の松原に立ち寄り、ここで休息した。この時、セミがうるさく鳴いていたため、「うるさい！」と怒鳴ったところ、これ以後、虹の松原ではセミは鳴かなくなった。

・また、松の背が高く栄《さか》えていたため、「頭《ず》が高い！」と怒鳴ったため、これ以後、虹の松原では、松は背が低くなった。

実際は、秀吉は筑前の名島から海路で名護屋城に向かっているため、虹の松原には立ち寄っていない。ちなみに、虹の松原自体、江戸時代初期の植林によるもので、秀吉の時代には松原の形成はまだ見られない。日本史上最大のヒーロー秀吉らしい、後世に作られた太閤伝説の一つである。

▼常陸
現在の茨城県の大部分を占める地域。

名護屋での茶会

秀吉は、実際に第一次朝鮮出兵（文禄《ぶんろく》の役《えき》）の時、二度名護屋城に来て陣頭指揮を執り、また連日、能や茶会などを催した。秀吉は、大坂城に置いた「黄金の茶室」をそっくり名護屋城に運ばせた。茶室開きに招待された客の一人、博多の豪商神谷《かみや》宗湛《そうたん》は、『茶の湯日記』に「金ノ御座敷ノコト、平三畳也。柱ハ金ヲ延テ、敷居モ鴨居モ同前也」と、その豪華さを記している。平成九年（一九九七）十月には、名護屋城址内で茶室跡が発見された。

一方、秀吉の居宅である山里丸には名護屋城内本丸の「黄金の茶室」とは対極をなす、〝わび茶の理想郷〟といわれた「市中の山居《さんきょ》」を表す茅葺《かやぶ》きの小庵《しょうあん》である四畳半の茶室が置かれていたという。

十八世紀成立の『葉隠聞書』には、朝鮮出兵に動員された佐賀藩祖鍋島直茂も、名護屋城で秀吉の茶会に招かれ、引き出物・脇差《わきざし》・胴服《どうぶく》★・銀子《ぎんす》五〇枚など拝領したことが記されているが、実際に、茶釜や茶道具としての角盥《つのだらい》・楾《はんぞう》★のほか、桐と菊の紋所の入った盥《たらい》・手桶・柄杓《ひしゃく》・風呂桶などが現存する。これらの什器《じゅうき》類は、直茂が孫の小城鍋島藩初代藩主鍋島元茂に譲ったと言われ、長く小城鍋島家にあったが、現在は佐賀県立博物館に所蔵されている。

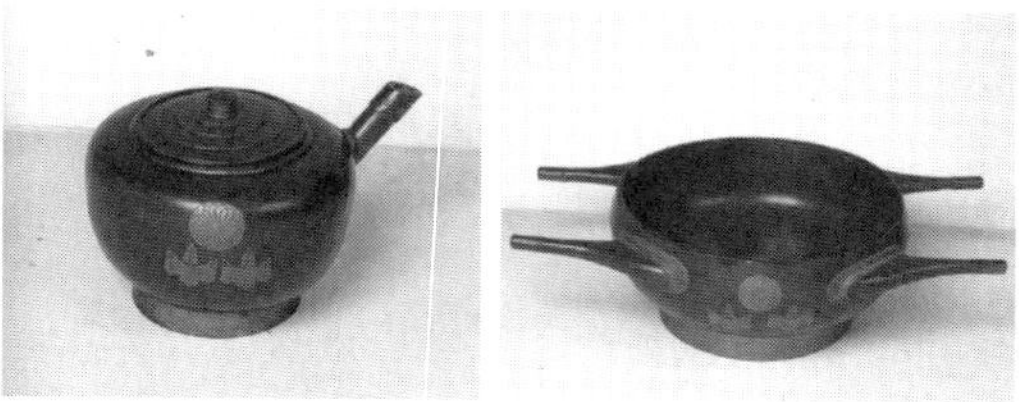
小城鍋島家伝来什器類。楾（左）と角盥
（佐賀県立博物館蔵）

▼胴服
胴着のこと。室町末～江戸初期にかけて武士が羽織として用いた腰までの短い服のこと。

▼楾
注ぎ口のついた容器。

文禄《ぶんろく》・慶長《けいちょう》の役《えき》

天正二十年（一五九二／十二月に文禄と改元）正月の秀吉の命令で、三月一日以降、日和《ひより》次第に朝鮮国へ渡海せよとの命令が下った。日本ではこれを文禄の役と呼び、朝鮮国では「壬辰倭乱《じんしんわらん》」と呼ぶ。四月には、宗義智・小西行長《こにしゆきなが》の第一軍が釜山《ぷさん》城を攻め、さらに北上して、五月三日には首都漢城《かんじょう》を占領した。

鍋島直茂は、全九番編成、総勢一五万八千余兵のうち、加藤清正の二番隊に属し釜山に上陸、そこに城（倭城《わじょう》）を築いた。さらに慶州に向かい、小西軍は五月二日、鍋島軍は翌三日に京城《けいじょう》（ソウル）を攻略、ここで「朝鮮八道国割《ちょうせんはちどうくにわり》」を行い、鍋島・加藤軍は咸鏡道《かんきょうどう》を担当した。

七月になり、秀吉は生母の重態が伝えられたため、名護屋から、一旦帰洛。しかし、母の死に目にも会えず、悲嘆にくれた。

一方、朝鮮半島の情勢も、この頃から変化する。李舜臣《りしゅんしん》の水軍の反撃や民衆の義勇軍が蜂起、さらには明の援軍も到着して、日本軍は次第に劣勢に立たされ、九月からは明の沈惟敬《しんいけい》と小西行長との講和交渉が開始されることとなった。

翌文禄二年（一五九三）一月、日本軍は平壌《へいじょう》で敗北、南へ逃れたが、さらに京城の奪回を目指す明軍と碧蹄館《へきていかん》で激突。死力を尽くした奮戦で、日本軍はようやく勝利し、停戦協定にこぎつけ、撤兵を開始した。鍋島軍は一万二〇〇〇の兵力で渡海したものの、撤兵時には七千六百余、実にこの短期間の戦闘で三分の一以上を異国の地で失ったのである。

文禄五年九月、和睦交渉のため、明の冊封使《さくほうし》★が大坂城へ到来する。しかし、その交渉も秀吉が望むようなものではなく、交渉は決裂、秀吉は第二次出兵命令を出す。慶長《けいちょう》の役《えき》の始まりである。朝鮮国では、これを「丁酉倭乱《ていゆうわらん》」と呼んだ。

慶長二年（一五九七）一月、小西行長へ渡海命令が出ると、加藤清正・鍋島勝茂の軍は前後して出兵、二月には、秀吉はあらためて全軍八番の部隊編成を発表、四番手が鍋島直茂・勝茂父子の一万二〇〇〇、総勢一四万一千余の軍隊が派遣された。この時の日本軍の残虐行為は、前回にも増して、筆舌に尽くしがたい有り様であったという。手柄《てがら》の証《あかし》として首の代わりに鼻をそぎ、秀吉のもとに塩漬けにして運ぶ、いわゆる「鼻切り」行為は、当時の日本の将兵に達成基準（ノルマ）も課せられたため、老人・女・子供まで大量に殺害されることとなった。生きた人間から鼻だけをそぎ取ることも行われた。八月の南原城戦では「道のほとりの死人、いさこ（砂）のことし」というほどの大量虐殺が行われたという。

日本軍は七月までに相次いで朝鮮国に渡り、九月には京畿道《けいきどう》と忠清道《ちゅうせいどう》の境付近まで侵攻した。しかし、この頃から明・朝鮮国軍の戦闘体制も整い、さらには寒季の到来と食糧不足が日本軍を悩ませ、日本軍は次第に南下を余儀なくされた。

▼冊封使
皇帝の命令書を持った使節。

朝鮮軍陣図（蔚山城攻防図）（鍋島報效会蔵）

十二月から翌年一月にかけて、慶州の南の蔚山城《うるさんじょう》では、ここを守備する加藤軍が猛攻を受け籠城、寒さと飢えと水の欠乏でまさに極限状態となったが、鍋島や毛利の援軍で辛うじて救われるような状況であった。戦況が圧倒的に不利に傾いた中、異国での戦いに将兵たちの士気は衰退、望郷の念は募るばかりとなった。

慶長三年八月、秀吉が伏見★で死去すると、十月に撤兵命令が出され、十一月には李舜臣の水軍に包囲されながらも鍋島父子も帰国、飢えと寒さと敵襲の恐怖に震えた朝鮮国への侵略戦争はようやく終わった。

明と朝鮮国に多大の犠牲と荒廃をもたらしたこの戦争は、日本と朝鮮国の間に暗い歴史を刻み、朝鮮人民の強烈な反日感情を植えつける結果となった。また、同時に豊臣政権の崩壊を早める結果にも繋がったのである。

「文禄・慶長の役」余話

鍋島家の旗印　角取旗《すみとりき》

鍋島家の翹葉《ぎょうよう》の家紋の由来については、すでに今山の合戦のところで触れたが、『葉隠』に「御船印《おふなじるし》角取紙《すみとりかみ》の事」という条《じょう》がある。これによれば「朝鮮出兵の時、諸大名の乗り込んだ船には印《しるし》があり、鍋島の乗る船ばかりがなかったため、御船頭の池上六太夫《いけがみろくだゆう》が即座に鼻紙を取り集め、隅取紙《すみとりかみ》として船印に使い始めた」と記

▼伏見
現在の京都市南部の地名。秀吉が築いた城があった。

佐賀藩旗（個人蔵）

されている。角取（隅取）とは旗の隅から隅へ対角線に線を引き、下半分を黒く、または紺色に塗ったもので、以後、佐賀藩の旗印として幕末・維新期まで用いられることになった。

かちがらす

佐賀平野には、艶のある深みのある紺色で背中に白い模様を持ち、愛嬌のある仕草で、カチカチ、カチャカチャと鳴く、カラスを一回り小さくしたような鳥が棲息する。学術名はカササギだが、シンボル鳥に指定されている。その鳴き声から佐賀では「かちがらす」と呼び、県の天然記念物、シンボル鳥に指定されている。かつては、佐賀平野の高い楠などの上に木の枝を集めて器用に大きな巣をかけている風景があちこちに見られ、かちがらすそのものとともに佐賀の一つの風物詩となっていた。

奈良時代成立の『播磨国風土記《はりまのくにふどき》』に、カササギの記述があるというが、近世以降、佐賀地方以外ではほとんど目にすることはなかったようで、江戸時代、佐賀を旅した人々の目にもしばしば留まり、いくつかの紀行文にも登場する。近年、棲息地域を広げて福岡周辺でも見られるようになった。

この鳥も実は、秀吉の朝鮮出兵に関わりが深く、「カチカチ」という独特の鳴き声が「勝ち」に繋がり縁起が良いと、連れてこられたという説がある。

平戸《ひらど》★の大名で好学で名高い松浦静山《まつらせいざん》の『甲子夜話』に「佐嘉より神埼までの間

▼平戸
現在の長崎県平戸市。

かちがらす（カササギ）
（提供：佐賀新聞社）

に奇しき鳥あり。外《ほか》には稀にも見えず。（中略）昔、佐嘉の領主、朝鮮に取り得て領地に放ち、のち蕃息《はんそく》★すと土俗の伝聞なり」（佐賀の鍋島氏が朝鮮半島から持ち帰ったと伝承されている）と書き留められている。実際、寛永十八年（一六四一）、佐賀藩では「白鷺・かち烏はいずれの郡にても鷹・鉄砲締《しまり》にて、とらせ申すまじく候こと」という条を含む「御鷹場御免《おんたかばごめん》の御手頭《おんてがしら》」を作り、初代藩主鍋島勝茂の時から、かちがらすの保護に心を砕いていたのである。

有田・唐津の焼き物

朝鮮出兵で、日本の諸将が帰国する際、土産としたのは、無論、かちがらすだけではなかった。略奪の対象は、人身、私財から寺院の仏像・仏典、活字などにまで及んだ。また、種々の技術者たち、特に陶工・工人たちは、先を争うように捕らえられ連行されたため、朝鮮国では陶芸が滅ぶ有り様であったという。反面、日本では九州を中心に、各地に陶芸の革新が興ることとなった。

唐津の寺沢広高《てらさわひろたか》も陶工集団を連れ帰り、「古唐津《こがらつ》」が興隆。佐賀の鍋島氏も陶工集団を連れ帰った。中でも著名なのは、李参平《りさんぺい》（のち金ガ江三兵衛）と深海宗《ふかみそう》伝《でん》で、李参平は鍋島直茂の重臣の多久（当時は龍造寺家久を名乗る）が、また、深海宗伝は武雄《たけお》の後藤家信が連れ帰った。

李とその一類の陶工たちは、初めは多久安順《やすとし》の領内、多久の地を転々として焼

▼**蕃息**
増え栄えること。

き物の試作に取り組んだ。しかし、いずれも十分な成果を得られず、元和元年（一六一五）頃、有田の泉山《いずみやま》の地にたどり着き、ここで白磁鉱を発見、多久に残してきた者たちも呼び寄せ、上白川天狗谷に窯《かま》を築いて、磁器の生産にとりかかったという。これが、やがては佐賀藩の専売制の主要特産品となる有田焼の始まりで、また、日本における磁器発祥となったのである。

一方、武雄の後藤家信は、連れ帰った深海宗伝を長《おさ》とする陶工団に武雄領内で焼き物の製作に当たらせた。これが「古武雄」の発祥で、彼らは現在の武雄市武内町内田で陶器製造を始め、近くで産出する陶石を使って磁器づくりも試みた。宗伝の死後、良質の陶石を求め、妻百婆仙《ひゃくばせん》は一族を連れて有田の稗古場《ひえこば》に移動、武雄に残った陶工たちはその地で陶器づくりを続けた。

洪浩然の渡来

文禄の役の折、鍋島直茂が慶尚南道晋州に入った時、大きな筆を背負った童子を捕らえ、佐賀に連れ帰った。当時十二、三歳のこの子は、その後、直茂に仕え、帰化して佐賀藩士となり、直茂の子初代藩主勝茂から百石の知行を受けた。これが洪浩然《こうこうぜん》で、京都五山に学び、勝茂に近侍し、佐賀藩儒学の祖となった。特に能書家として著名で、字が瘤《こぶ》のように節を持ったため、「瘤浩然」の異称を持つ。明暦三年（一六五七）、勝茂が没すると彼もまた殉死した。

洪浩然画像
（個人蔵）

これも佐賀

佐賀城と城下

系図等によれば、佐賀の戦国大名龍造寺氏は、十世紀に関東で起こった平将門の乱の鎮圧に活躍した藤原秀郷（別名、俵藤太）の末裔にあたる佐藤季清が、子の季喜《すえよし》と共に下向、肥前国小津東郷龍造寺村に居住したとされる。だが、最近の研究では在地の有力土豪が次第に勢力を拡大して戦国大名へと成長したものと考えられている。

　龍造寺という名前は、当時、現地に所在した龍造寺という寺院に由来するもので、平安時代中期の創建と伝えられる。龍造寺館の北側（現在の佐賀西高校グランドから県議会議事堂あたり）に所在し、また、龍造寺館は現在の佐賀西高校敷地の南〜西部にかけての地に所在したと見られ、近年、その遺構が発掘されて話題となった。

　十六世紀初め、龍造寺家兼《いえかね》（剛忠《ごうちゅう》）の時、龍造寺家は、本家の「村中《むらなか》龍造寺家」と「水ヶ江《みずがえ》龍造寺家」に分けられるが、この村中城を拡張したものが近世の佐賀城である。

　近世の佐賀城は、慶長六年（一六〇一）頃から構築が始まり、同八年には本丸台所が、同十二年には西の丸の角櫓が完成、牛島口・多布施《たぶせ》・神野《こうの》・八戸《やへ（やえ）》その他の曲輪《くるわ》（城下防衛のための外囲い）の普請も始まり、天守の瓦も焼かれ始めた。翌十三年には佐賀城総普請が行われ、家中屋敷や町小路の町割《まちわり》がなされ、城の四方の濠（堀）も領民の夫役によって掘られた。

　慶長十四年には、天守閣が完成。天守の石垣の石は、佐賀市北部の川上から小石四〇万個、大石一〇〇万個が運ばれたという。慶長十六年、普請は完成し、初代藩主勝茂は天守に移った。

　佐賀城は平城で、本丸の西北部にかつては天守閣がそびえていたが、現在は五間（約九メートル）の天守台が残るばかりである。天守閣・本丸・二の丸・三の丸・西の丸を含む濠の内側が城内で、その周囲を、東と西が約七〇〇メートル、北が約六三〇メートル、南が約七三〇メートルの長さで、幅六五〜九三メートルの濠が取り巻いていた。財政難のためか、石垣は天守台と本丸の北側と西側にしかなく、ほかの部分は濠の内に沿って土手を構えて松が植えられていた。各時代に描かれた「城下絵図」を見ると、城内南半分は、ほぼ本丸・二の丸・三の丸・西の丸で占められ、本藩藩主の居住部分である本丸・二の丸はさらに濠で仕切られている。城内の北半分には旧龍造寺系の諫早・武雄・多久・須古の親類同格や横岳・姉川・深堀などの家老、親類では川久保（神代）などの重臣の屋敷が配され、同じ親類の久保田（村田）家は濠の外側の西北の位置に、また、白石《しらいし》鍋島家は同じく東の位置に配されていた。

佐賀城は、享保十一年（一七二六）の火災で天守閣・本丸・二の丸・三の丸が灰燼に帰した。その後、二の丸・三の丸が再建されたが、天保六年（一八三五）には二の丸が焼失。同九年に本丸、嘉永六年（一八五三）には二の丸も再建された。だが、明治七年（一八七四）二月、佐賀戦争の戦火で、御座之間（旧藩主の居間）・鯱の門（幕末の本丸門）などを残して再び焼失した。このため佐賀城の往時の姿を伝えるものは天守台と鯱の門を除いてはなかったが、平成十六年（二〇〇四）、佐賀県立佐賀城本丸歴史館が開館、その一部が復元・公開され、多くの来館者で賑わいをみせている。

佐賀城の濠の外側には、城を取り巻くように武家屋敷が配置され、城下絵図の屋敷地の広さから見て、特に濠の周囲は大身の家臣が多く居住したものと思われる。濠の北側の松原小路・中小路・八幡小路、東側の水ヶ江一帯の通り小路・花房《はなぶさ》小路・枳《げず》小路・会所《かいしょ》小路・鷹匠《たかしょう》小路、西側の西堀《にしほり》端《ばた》小路・竜泰寺小路・川原《かわばる》小路・精《しらげ》小路、南側の中《なかん》館《たち(なかのたて)》・鬼丸《おにまる》などが武家地で、およそ三〇ほどの小路《くうじ(こうじ)》名のつく街区と概ね一致している。その外側に下今宿《しもいましゅく》町・紺屋町・材木町・牛島町・上今宿町・柳町・蓮池町・上芦町・高木町・呉服町・元町・東魚町・八百屋町・中島町・夕日町・勢《せい》屯《だまり》町・白山町・米屋町・寺町・唐人町・唐人新町・中町・多布施《たぶせ》町・伊勢屋町・伊勢屋本町・岸川町・西魚町・点合《てんにゃー(てんや)》町・駄賃町・六座《ろくざ》町・長瀬町・本庄町・道祖《さやん》元《もと(さやのもと)》町の三三町の町人町が置かれていたが、必ずしも武士の居住地が武家地に限られていたわけではなかった。城下町のメインストリートは、やはり長崎街道であった。また、藩政期初期の城下絵図には、柳町付近に「南蛮寺」が描かれている。初代藩主勝茂がドミニコ会神父のアロンソ・デ・メーナに布教許可を与えたためだが、慶長十八年（一六一三）には幕命により神父を追放、教会が置かれたのは約五年間であったという。

諸本に、佐賀城は「沈み城」とも呼ばれたとされる。一説には、攻撃を受けた際に自ら城下を水浸しにして、敵の侵攻をくい止める工夫があったとされ、また一説には土手の松に遮られて、外から城内がほとんど見えなかったためともいわれる。

実際に、残された城下絵図を眺めると、佐賀城の土手には松が植林されていた様子がうかがえるし、濠の北側にも松原があって、それが松原小路の名の由来にもなっている。かつて武家屋敷には細い竹が植えられ、その竹やぶが屋敷内や城の目隠しの役割を果たしたともいい、今でも古い屋敷地の一角にその名残を見かけることがある。

また、城下には蜘蛛の巣のように縦横に水路がめぐらされていたこともわかる。最近は、都市化により、古くからの水路は次々に埋め立てられ、その結果、梅雨期の集中豪雨では、町のいたるところがしばしば水害に見舞われ、「水の都」と皮肉を込めて呼ばれるようになった。水との関わりで自然環境に順応した町並みづくりを行ってきた佐賀城下の歴史性を無視した乱開発の結果とも言えなくはない。

第二章 佐賀鍋島藩の成立

幕藩体制下で藩存続のために必要不可欠だった精神。

1 佐賀藩の成立と展開

関ヶ原の戦いで西軍につきながらも知行を安堵された鍋島氏。しかし龍造寺本家は廃絶したため、藩内には恐ろしい噂も立った。初代藩主鍋島勝茂は不安定な藩政初期を担うことになる。

閑室元佶《かんしつげんきつ》が救った佐賀藩

天正十二年（一五八四）、島原沖田畷の戦いで、龍造寺隆信が戦死すると、肥前国内の情勢は一変した。

天正十四年には、隆信の嫡子政家の子、長法師丸（のちの高房）が誕生。天正十八年一月、豊臣秀吉は長法師丸に三十万九百九十二石の知行割《ちぎょう★わり》を認めた。だが、このうち長法師丸は実質四万二千石、政家は五千石、一方、鍋島直茂は神埼郡四万四千五百石、直茂の子勝茂は三根郡《みねぐん》・藤津郡《ふじつぐん》のうち九千石を与えられ、実質石高《こくだか》で鍋島父子が龍造寺父子を上回った。また、前述のごとく、この年、政家が隠居、家督は五歳の長法師丸が継いだものの、長法師丸が幼少のため、秀吉の命令で直茂が領国経営にあたることとなり、実質的な佐賀の領主として、鍋

龍造寺政家肖像
（佐賀城本丸歴史館蔵）

▼知行
上位者から与えられた所領・所職を支配すること。

島家が藩体制の基礎を築くことになった。

しかし、直茂はその後も政家、高房を守り立てることに心を尽くした。天正二十年（文禄元、一五九二）の文禄の役では、鍋島直茂は一万二〇〇〇の大軍を率いて渡海、龍造寺政家も特に願ってこれに従い翌年渡海した。

また、慶長五年（一六〇〇）の関ヶ原の戦いでは、十五歳の龍造寺高房は四五〇〇の兵を率い鍋島直茂の子勝茂とともに石田三成の西軍につき伏見城攻撃に参加、しかし西軍は敗退。いずれもはかばかしい戦果を挙げることができなかった。

関ヶ原の戦いでの敗北は、龍造寺・鍋島両氏にとって最大の危機となった。

十月、鍋島直茂・勝茂は、同様に西軍に属した柳川の立花宗茂《たちばなむねしげ》を攻め、一方、直茂の二男忠茂を質人《しちにん》として江戸に送ることで領国削減を免れた。

また、鍋島氏がこの危機を免れたもう一つの理由に、小城出身の閑室元佶《かんしつげんきつ》（一五四八～一六一二）の努力があった。

閑室元佶は、もとは小城郡晴気《はるけ》の円光寺の出身で、「関東の大学」と称された足利《あしかが》学校の庠主《しょうしゅ》（学校長）を十六年間務め、のち、徳川家康の侍講《じこう》となり、京都の南禅寺、円光寺の住職となった。この元佶が、家康への取り成しに努めるなど多大の貢献をなし、鍋島氏の危機を救ったのである。鍋島直茂・勝茂はこの返礼として、慶長十年（一六〇五）、小城にもと天台宗で三津寺と称していた寺院を臨《りん》済宗《ざいしゅう》の三岳寺《さんがくじ》として再興、元佶を開山として迎えた。元佶は、佐賀鍋島藩成立

佐賀城鯱の門および続櫓
（提供：佐賀新聞社）

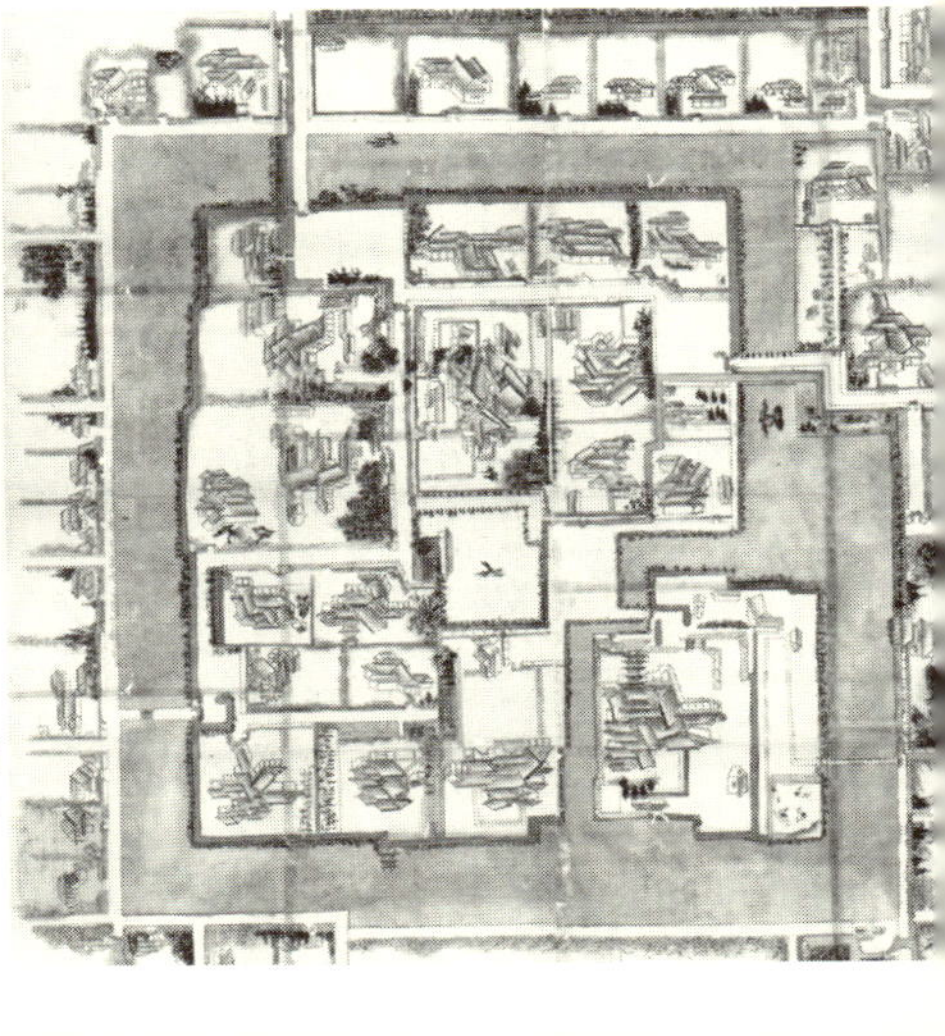

佐嘉小城内絵図
（鍋島報效会蔵）

期の大恩人であった。

慶長十八年（一六一三）、鍋島勝茂は江戸幕府から三十五万七千石の知行を安堵《あんど》され、佐賀藩初代藩主となる。ここに鍋島家の佐賀藩が名実ともに成立した。

龍造寺本家の断絶

慶長八年（一六〇三）、龍造寺政家の子長法師丸は、従五位下・駿河守《するがのかみ》に任ぜられ高房を称し、江戸で将軍徳川秀忠に仕えることとなった。

その四年後の慶長十二年（一六〇七）、江戸で騒動が持ち上がった。三月三日、高房が邸内で突然妻を刺し殺し、自分も腹を切ったのである。

幸い、近臣が飛びつき刀を奪い取ったため、高房は一命はとりとめた。だが、同じ年の秋九月六日、諸大名の乗馬大会の折、馬術の名手として腕に自慢の高房は、凄まじいほどの荒技・秘技を次々に繰り出した。この時、傷口は再び破れ、激しく出血。高房は誰にも知らせず馬を駆り続け、そして、その夜に死んだ。まさしく自殺行為により、高房は二十二年の生涯を閉じた。

春の事件は、龍造寺家再興を願う高房が、国元佐賀に帰れぬ江戸屋敷詰めの身を悲観、絶望したことが背景にあったと思われ、高房が発作的に起こしたものと考えられている。鍋島直茂も父政家に書状を送り「この度、藤八郎（高房）、御

龍造寺高房画像
（天祐寺蔵）

腹召され候儀、誰人に御あてなされ候や」と、不快と懐疑の念を示した。

いずれにもせよ、同年秋、佐賀で高房の死の知らせを受けた父の政家はよほど落胆したのか、その後一カ月も経たない十月二日に跡を追うように病死した。高房には嫡子がなく、ここに龍造寺本家は廃絶することとなったのである。

この後、佐賀では高房の幽霊が白装束《しろしょうぞく》で白馬に乗って現れ、夜中の城下を駆け巡るという噂が立ち人々を恐怖させた。

龍造寺伯庵《はくあん》事件

ところで、高房には、当時四歳になる初法師《はつほうし》という隠し子がいた。初法師はのちに伯庵を名乗り、寛永十一年（一六三四）初秋、父高房の弟龍造寺主膳正《しゅぜんのしょう》をともなって、三代将軍家光の上洛時に「伯庵事、龍造寺の嫡孫にして肥前を領すべき身なるに、小給も授けず、あまつさえ出家に及ぶ。直茂・勝茂の不義なり。宜しく御糾明を請い奉る」と、突然、龍造寺家再興を訴え出るという挙に出た。

この訴状は却下されたものの、翌年、伯庵は主膳正とともに江戸に下り、幕府に再度出訴《しゅっそ》した。国元からは鍋島家の家老で同じ龍造寺家一統である多久長門守安順《やすとし》が呼び寄せられ、「佐賀三十五万七千石を領すべきは自分」と主張する伯庵に対し、多久安順は「伯庵は嫡子ではないため、その主張はいわれのないこと。

伯庵が主張するなら、むしろ龍造寺家の嫡流は自分である。何故なら、我が父は龍造寺長信といい、隆信とは同胞の兄弟である。隆信の子政家は、病のため公務を執ることができず、政権を直茂に譲った。しかも直茂は隆信の兄弟である。兄に子無き時は弟が家督を継ぐのは当然ではないか。龍造寺一門はすべて鍋島家が肥前を治めることに何の異議もない」と主張し、幕府の評定所で対決した。

結局、いわれなきこととして伯庵は敗訴、鍋島家はお咎めなしとなった。

伯庵は、その後も訴えを繰り返した。しまいには、老中たちもてあまし、「伯庵らを国元に引き取り、相当の知行を与えた上で、龍造寺の名跡を継がせるよう」申し入れ、勝茂は了解したが、伯庵は承知せず、あくまでも「肥前一国を」と主張。幕府も遂に断を下して、伯庵を会津《あいづ》（福島県）に預け、三百石を給することとした。寛永十九年（一六四二）秋のことである。

「佐賀の猫化け話」

二代藩主鍋島光茂の時代、佐賀城下に龍造寺又一郎という盲目の青年が母と二人で暮らしていた。龍造寺氏とはいえ、かつての栄光の時代は過ぎ、又一郎も客分として千石の禄を与えられ臣従《しんじゅう》していた。

又一郎は盲人ながら囲碁に長じていたため、囲碁を趣味とした光茂も又一郎を格好の勝負相手として、しばしば城中に招いた。

ある夜、光茂と又一郎はいつものごとく碁盤をはさみ興じていた。ところが、その夜の光茂は負けを重ね、そのうち、又一郎の打った一石をめぐり、光茂は「待った」を連発。相手が藩主であるため普段は聞き流す又一郎であったが、この夜は違っていた。「なりませぬ。ならば、この勝負は私の勝ちということで……」

光茂は一瞬、眉をひそめたが、「又一郎、固いことを言わずともよいではないか」、笑いながら、又一郎の打った石を元の位置に戻しかけた。その時、「なるほど、遊びには人の性格が表れるとは、よく申したもの」と又一郎は皮肉な笑いを浮かべた。この言葉に光茂は激昂、光茂が気がついた時には手元の脇差で又一郎を斬り捨てていた。

その夜のうちに、又一郎の死体は、城内の古井戸に投げ捨てられた。

その頃、又一郎の家では年老いた母が又一郎の帰りを待っていた。いつになっても帰らぬ息子に母は胸騒ぎを覚え落ち着かない時を過ごしていた。母は可愛がっていた猫のこまに「お前が人間なら、すぐにでもあの子の様子を見にいってもらえるのに」と嘆いた。そのうち、こまの姿が見えなくなり、間もなくして、変わり果てた又一郎の首をくわえて戻ってきた。わなわなと怒りにふるえた母は、「こまよ、私の血をすすって、この恨みを必ず晴らしておくれ」と、短刀で喉《のど》をついて果ててしまった。こまは母の流れる血を舐め尽くすと、屋敷から姿を消した。

千布家に伝わる猫明神の掛軸
（『佐賀県大百科事典』より）

この日から、佐賀城内では次々に怪異な事件が起こった。光茂は夜な夜な高熱に悩まされ、うわ言を繰り返した。龍造寺の祟《たた》りの噂がささやかれ、怯《おび》えと不安が広がった。

近習頭《きんじゅうがしら》★の小森半左衛門が光茂の周辺に目を配ると、光茂お気に入りのお豊の方《かた》のそぶりに最近奇妙なところが感じられた。

「よいか、くれぐれもお豊の方には気づかれず、殿の身をお守りするのだ」、半左衛門は槍の名手千布本右衛門《ちぶほんえもん》に命じた。

その夜更け、生暖かい風が吹き眠くなるたびに本右衛門は膝に錐《きり》を立て、痛さで眠らぬようにした。そのうち、物陰から猫の鳴き声がし、息をひそめていると、障子に映るお豊の方の影が巨大な猫の姿に変わった。

千布本右衛門は、すかさず槍を繰り出した。「何者じゃ、下がりおれ！」お豊の方の眼が青白く光った。その時、本右衛門の槍が見事にお豊の方の脇腹を貫き、同時に凄まじい悲鳴がおこった。それでも眼をらんらんと光らせ、お豊の方は猛然ととびかかってきた。そこを千布本右衛門はひるまず刺した。

やがて、叫び声はとだえ、夜明けの光が射し始めた。そこに倒れていたのは、真っ赤な口が耳まで裂けた巨大な猫であった。光茂は、又一郎と母親を手厚く弔って霊をなぐさめた。光茂の病も次第に癒え、城内は平穏になったという。

▼近習頭
主君の側近くに仕える衆の頭。

物語の背景にあるもの

紹介した「佐賀の猫化け話」は、『佐賀の伝説』（角川書店）、『日本の怪奇ばなし　佐賀の化け猫』（岩崎書店）等を参考に要約したもので、騒動の舞台が佐賀城内であったり、江戸屋敷での出来事であったりなど、物語にいくつかバリエーションはあるが、筋立ては、大筋で一致している。

こうした物語は、すでに実録『佐賀怪猫伝《さがかいびょうでん》』や、講談『佐賀の夜桜』で庶民にも知られていたが、嘉永六年（一八五三）九月、江戸猿若町中村座が、鍋島猫化け騒動を仕込んだ狂言『花嵯峨猫魔稗史《はなのさがねこまたぞうし》』上演の絵看板を掲げたところ、佐賀藩の厳重な抗議で上演差止めになるという事件があり、ますます喧伝《けんでん》されることになったという。

そして、この物語が、佐賀の物語として定着した背景には、前述のごとく、「五州二島の太守」と仰がれた龍造寺隆信が、有馬・島津の連合軍との島原沖田畷の戦いで悲劇的な戦死を遂げて以来の、龍造寺領国の動揺と崩壊、そして龍造寺氏に代わる鍋島直茂を祖とする鍋島氏の台頭という不可思議な政権交代劇が庶民の心を惹きつけたことがあるといえよう。

三部上地《さんぶじょうち》と三支藩の成立

慶長十二年（一六〇七）の事件で龍造寺本家が廃絶したとはいえ、多久・武雄・諫早《いさはや》・須古《すこ》・久保田（龍造寺本家にあたる村田家）などの龍造寺系の一族は堅固で、彼らの領分の石高は佐賀藩全体の四分の一を占めていた。そのため、彼らを圧倒するだけの鍋島一族の体制強化と直轄領の確保は喫緊の課題であった。

慶長十四年、鍋島勝茂は弟忠茂に一万石（知行高二万石）を与え、鹿島《かしま》鍋島家を創設、鹿島支藩の成立となった。しかし、その後、忠茂の子正茂の代に後継をめぐり本藩藩主勝茂と対立、所領を没収され、寛永二十年（一六四三）勝茂の五男直朝《なおとも》にあらためてその知行が与えられた。

また、元和《げんな》三年（一六一七）には、鍋島勝茂の長男元茂が、正室の子でないという理由から、本家から分けられ、直茂の隠居分の領地（一万石）と脇侍《わきざむらい》八三名を引き継ぎ小城鍋島家を創設、小城支藩の成立となった。小城支藩にはその後加増が行われ、七万三千二百五十二石余となった。

一方で、慶長十六年には、慶長十年以来行っていた佐賀藩領内の総検地が終了。蔵入地（藩収入）の増加を目的として家臣の知行地の三割を藩に上納するという三部上地《さんぶじょうち》を実施、元和七年（一六二一）にも再度実施したため、佐賀藩の蔵入地

鹿島城赤門及び大手門
（提供：佐賀新聞社）

鍋島勝茂画像（高伝寺蔵）

は一挙に増加したが、反面、家臣たちの知行は大幅に削減された。この二度にわたる三部上地は龍造寺系家臣団にとっても同様に大幅な領地削減を余儀なくされ、大きな打撃を与えることとなったのである。

さらに寛永十六年には、鍋島勝茂の三男直澄《なおずみ》が蓮池《はすのいけ》鍋島家として分家、知行三万五千石の蓮池支藩が成立した。蓮池支藩にも、その後加増がなされ五万二千六百二十五石となった。

こうして、「鍋島御三家」と呼ばれる三支藩が創設されたのである。

本来、「鍋島御三家」の創設は、龍造寺系家臣団に対する鍋島家の血縁一門の強化策であったが、幕藩体制下での参勤交代や大名公役《くやく》など、本藩同様の負担に三家とも財政的には苦しい状況が続いた。

一例として、安永三年（一七七四）、小城藩藩主鍋島直愈《なおます》が有栖川宮織仁《ありすがわのみやおりひと》親王の江戸城下向に際して御馳走役を命じられたが、親王を迎えるための一万両近くの莫大な経費のうち、二〇〇〇両ほどしか調達できず、接待の後、幕府が直愈、および佐賀本藩藩主鍋島治茂《はるしげ》に二カ月間の登城禁止を命じた事件などもあった。

三支藩藩主と本藩藩主との関係は、勝茂の時代はいずれも親子関係であるため大きな問題は生起しなかったと言える。しかし、二代光茂の時代には、本藩家臣と支藩家臣の間の身分上の処遇に関する対立や、三支藩藩主が城主格大名★の地位を求めて本藩の支配から独立しようとする動きも見られるようになった。

▼**城主格大名**
城主に準ずる大名の格式。城郭を持つ大名の格式を城主格という。

この動きを抑圧すべく、天和《てんな》三年（一六八三）、光茂は、佐賀藩の武家諸法度と称される「三家格式」を制定、これにより三支藩は完全に本藩の支配に服することとなり、独立性は弱まった。また、三支藩の家臣も、本藩の家臣に比較して「又家中《またかちゅう》」と呼ばれ、低い処遇を受けることとなるのである。

初代藩主鍋島勝茂の苦労

佐賀藩初代藩主鍋島勝茂に続く二代目藩主は、長男の元茂ではなく、また弟の忠茂でもなかった。明暦三年（一六五七）二月、勝茂の家督を相続したのは勝茂の孫の光茂であった。『勝茂公譜考補』によれば、元和八年（一六二二）十二月二十六日、鍋島勝茂の嫡子である忠直は十歳にして肥前守に任じられ、二代将軍秀忠から「忠」の一字と松平の氏姓を賜った。忠直は二男であったが、勝茂が徳川家から迎えた菊姫との間にもうけた子で、嫡男として二代目佐賀藩主の地位が保証されていた。だが、寛永十二年（一六三五）正月、疱瘡《ほうそう》に罹《かか》り二十三歳の若さで早世したため、勝茂は孫光茂の成長まで、成立期の困難な藩政を担い続けなければならなかった。明暦三年、勝茂は光茂に家督を譲った後、三月二十四日、江戸で七十八歳の生涯を閉じた。

親類、親類同格

佐賀藩では、本藩と御三家（三支藩）のほか、勝茂の四男直弘《なおひろ》に始まる北茂安《きたしげやす》（現在の三養基《みやき》郡）の白石《しらいし》鍋島家、勝茂の六男直長《なおなが》に始まる川久保（現在の佐賀市）の神代《くましろ》家、その直長の子茂真《しげまさ》に始まる養父《やぶ》郡村田（現在の鳥栖市）の村田鍋島家、および、龍造寺本家にあたる（高房の弟である村田安良に始まる）久保田村田家★を「親類」、またその下に、龍造寺長信（隆信の弟）に始まる「多久」、後藤家信（隆信の子）に始まる「武雄鍋島」、龍造寺信周（隆信の弟）に始まる「須古鍋島」、龍造寺家晴（隆信の曾祖父家兼から分かれる龍造寺一族で、隆信とは遠縁）に始まる「諫早」（長崎県諫早市）のいわゆる龍造寺系四家の「親類同格」と呼ばれる家格があり、それぞれ藩主にあたる「邑主《ゆうしゅ》」を名乗り、「大配分《だいはいぶん》」（自領内での大幅な自治権）を受け、その地方の領主となっていた。また、その他にも横岳鍋島家・神代《こうじろ》鍋島家・深堀《ふかぼり》鍋島家・太田鍋島家・姉川《あねがわ》鍋島家・倉町《くらまち》鍋島家の家老と呼ばれる六家があり、いずれも大配分格小配分の家として独立性の強い存在のものであった。このようにして三十五万七千石の佐賀鍋島藩の体制が形成されたのである。このため、佐賀本藩は、上級家臣団の城下集住（「在佐賀」）の制度を定め、あたかも本藩への「参勤交代」を強制するような体制をしいたのである。

▼久保田村田家
久保田（佐賀市久保田町）の初代邑主となった安良の旧領地が養父郡村田であったことから村田の姓を名乗ったといわれる。

佐賀藩は「肥前藩」とも呼ばれる。肥前国には平戸藩、唐津藩など他藩もあったが、最大の石高を有する佐賀藩に許された特権的な呼称であった。その内部構成は極めて複雑で、いずれの家の石高も三十五万七千石の内高であったため、佐賀藩内の財政は常に困難な状態が継続していたといえるのである。

藩領分布図

■：佐賀本藩

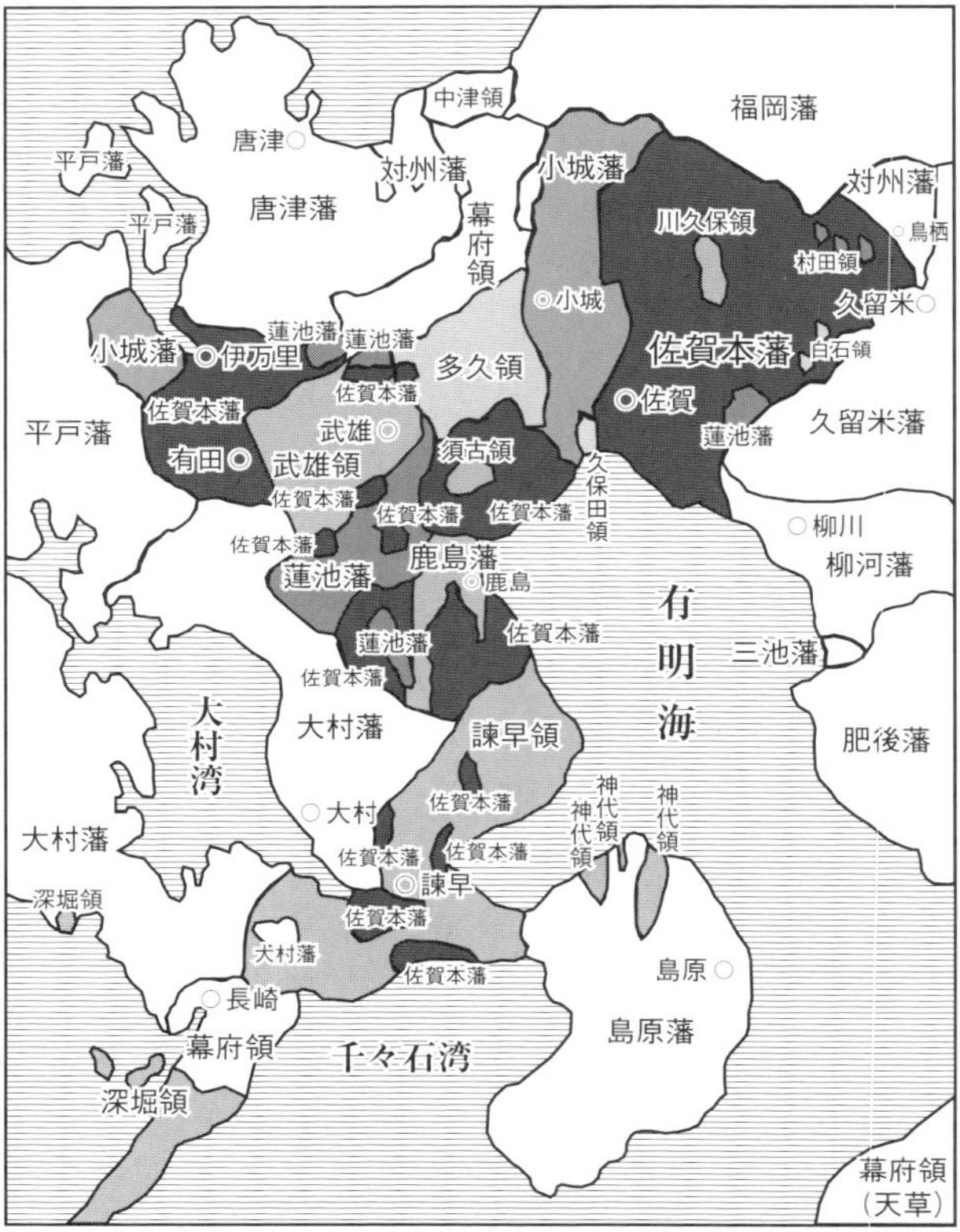

佐賀藩構成図

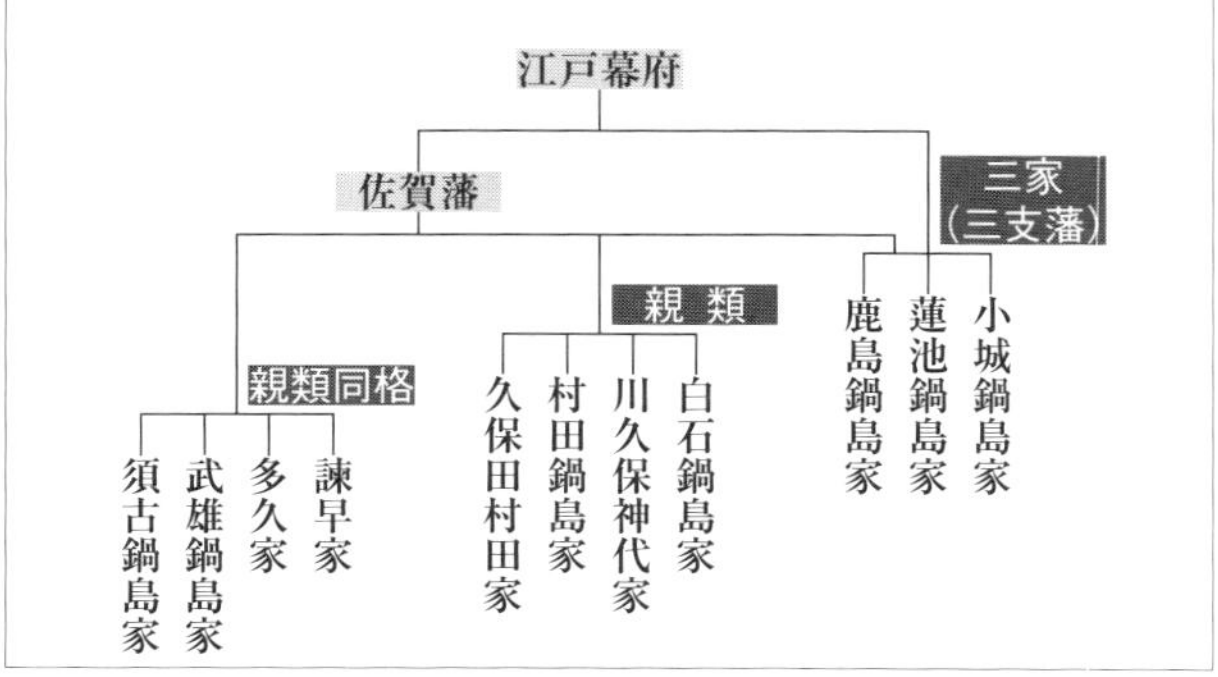

◆2 島原・天草の乱と佐賀藩

天草四郎を首領とした大一揆が発生した。
一揆勢の予想だにしない抵抗の激しさに幕府軍は機を待ち総攻撃へ。
佐賀藩兵にはこの総攻撃に期するものがあった。

一揆発生で「肥前迷惑」

「島原★大変　肥後迷惑」という言葉がある。今から二百余年前の寛政四年（一七九二）、島原の雲仙岳が噴火活動を開始、その活動の最後に大地震が発生した。島原側の雲仙岳前面の眉山《まゆやま》（前山）が大崩壊を起こし、島原の城下町を壊滅させ、さらに海に崩れ落ちた大量の土砂が津波を発生させ、対岸の肥後の町を襲い多大な被害を引き起こしたことから生まれた言葉である。

しかし、寛永十四年（一六三七）に発生した島原・天草の乱は、隣接する佐賀藩（肥前藩）に多大の衝撃と被害を与えたという点で、まさに「島原大変　肥前迷惑」ともいうべき大農民一揆であった。

寛永十四年十月二十五日、有馬氏の旧領であった島原の領主松倉重政《しげまさ》とその子

▼島原
もともと、九州では「原」を「はる」と発音することが多く、「島原」「原」は、いずれも「しまばる」「はる」と発音していたと思われる。実際に、現在でも古老は「しまばる」と発音している。

勝家のキリシタン弾圧や年貢の過重に喘いでいた島原の農民らが暴動を起こすと、その対岸の天草（小西氏の旧領であった天草四万石は、当時、唐津藩〔藩主寺沢堅高《かたたか》〕の飛地★）の農民らもそれに呼応、一揆勢三万七〇〇〇人は島原南方の原の古城に立て籠もった。旧領主有馬・小西氏がキリシタン大名であったことから、一揆に加わった農民の多くは、キリスト教信者であったという。

この一揆の指導者は、天草の旧領主小西行長の家臣であった牢人《ろうにん》（浪人）たちで、首領となった天草（益田）四郎時貞は、彼らによって擁立された十五歳の少年。庄屋の子、または、小西氏の旧臣の子ともいう。彼は、一揆に参加した農民たちの心と力を結集させるための偶像として、シンボリックな存在であった。

十一月九日、一揆の発生の報が江戸にもたらされると、江戸幕府は、島原藩主松倉勝家、唐津藩主寺沢堅高に下国《げこく》を命じた。また、一揆鎮圧の上使（指揮官）として板倉重昌・石谷《いしがや》貞清が下向、佐賀藩では、藩主鍋島勝茂が下国を願い出たものの叶わず、代わって子の元茂（小城藩主）・直澄（のちの蓮池藩主）が下国、十二月初旬、原の城下に着陣した。

この間、十一月十四日から一揆勢は天草の富岡城に向けて総攻撃を開始し、大激戦が展開された。小西氏の旧領であった天草四万石は、当時、唐津藩の飛地で、唐津藩の必死の防戦により、十一月末頃には一揆勢もついに富岡城をあきらめ、原城に立て籠もることとなったのである。

▼飛地
行政的には同じ区画に属するが、他に飛び離れて存在する土地のこと。

原城総攻撃

十二月十日、板倉・石谷の命令で松倉・有馬・立花・鍋島の軍勢が初めて原城を攻撃、諫早豊前守茂敬《しげひろ》などの奮戦はあったが、充分な戦果は得られず、二十日には、原城総攻撃を決行。しかしこれも原城内からの石・熱湯・鉄砲による抵抗が激しく、再び失敗に終わった。この時は、鍋島家の諫早茂敬の軍三〇〇人のうち、九四人が戦死、また、柳川の立花宗茂の軍も五千余人中、死傷者三八四人という有り様だったという。

このため幕府上使の板倉重昌に対する幕府の非難が集中、翌寛永十五年（一六三八）正月一日には、板倉の焦りから再度の原城総攻撃を仕掛けたが、三たび失敗。一揆勢では九〇人の戦死傷者であったのに対し、鍋島勢だけで二千五百余人（うち戦死者三八〇人）、幕府軍全体で五〇〇〇人もの死傷者を出すという惨憺たる敗北を遂げたのである。上使の板倉もこの日戦死した。

つづく一月四日には、戦後処理のための指揮官として、幕府から松平信綱（伊豆守であったことから、のちに「知恵伊豆《ちえいず》」と呼ばれた頭脳明晰な老中）・戸田氏鉄《うじかね》が到着するが、板倉重昌戦死の報により、ついに九州諸大名の下国を命ずることとなるのである。二十九日には佐賀藩主鍋島勝茂も原城下に到着、幕府軍最

島原御陣図
（福岡県〔伝習館高校〕所蔵・柳川古文書館寄託）

大の三万人余を動員して、原城出丸《でまる》（出城）前に配陣した。原城下に集結した九州諸大名からなる幕府軍の軍勢は一二万を数えた。

幕府軍の新たな上使松平信綱は、長期戦を構え兵糧《ひょうろう》攻めの作戦に出た。また、この間、平戸のオランダ商館にも頼み、商館長クーテバッケルが直接乗り組むオランダ船デ・ライプ号で原城に砲撃を加えることも行ったが、はかばかしい戦果はなかった。

籠城も三カ月に及ぶ二月十四日、鍋島軍から打たれた砲弾が天草四郎の側近を殺し、四郎の袖も打ち破った。そしてこのことは、一揆勢の中で四郎の法力《ほうりき》の限界も明らかにした。二十一日には、ついに餓死寸前の一揆勢三〇〇〇人が、突然、黒田・寺沢・鍋島の陣所に夜襲を仕掛けたが失敗。一揆勢の戦死者二百九十余人、佐賀勢戦死者は八五人を出した。一揆勢は逆に原城内の飢餓の状況をさらけ出す結果となった。

二月二十五日、松平信綱は、総攻撃の日を翌二十六日夕刻に決定、全軍に通知したが、その夜から風雨が激しくなり、二十八日早朝に延期となった。

しかし、二月二十七日、一揆勢が本拠を原城出丸から二の丸へ移したとの情報で、鍋島勝茂は、松平信綱の許可を得て佐賀勢もひそかに二の丸方面へと移動することとした。だが、この動きを一揆勢に悟られ、激しい抵抗を受けることとなり、たちまち戦闘状態に突入。全軍の総攻撃となった。夜通しの激戦の末、翌二

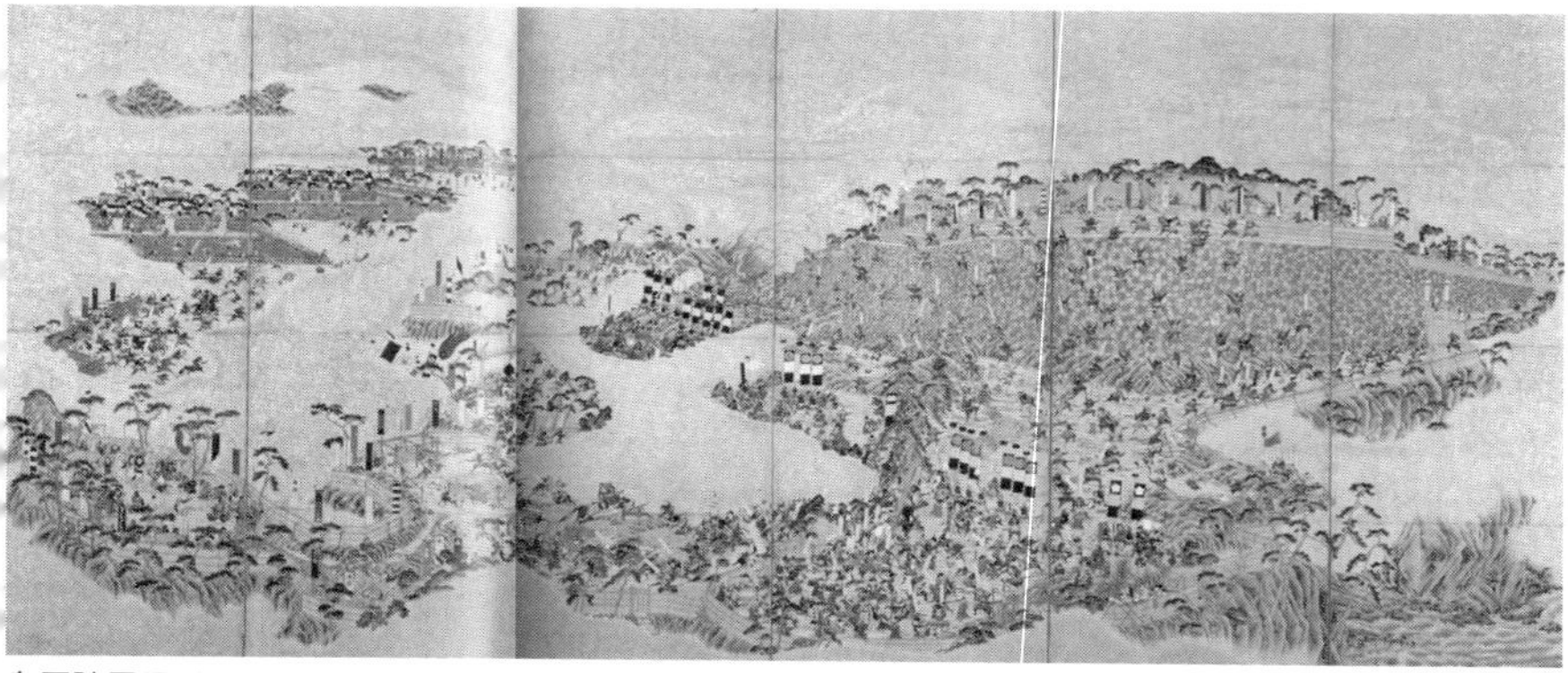

島原陣屏風（秋月郷土館蔵）

十八日早朝、本丸を攻略、正午頃には一揆勢三万七〇〇〇人全員は玉砕して戦闘は終結した。

この時、死に物狂いの一揆勢の石つぶて・鉄砲による抵抗は猛烈で、肥後細川藩から戦闘に参加した宮本武蔵ですら、「拙者も石に当たり、すねたちかね申（私も石に当たり、足が立たなくなった）」と「有馬家文書」中の書簡に書き残しているという。

一番乗りを要求された佐賀藩兵

原城本丸一番乗りについては、争う者が一六人もいたというが、はたして誰が一番乗りであったかは判然としない。だが、佐賀勢のうち、剛勇の士と謳われた鍋島勝茂の近習頭鍋島大膳《たいぜん》正之は、主従二四人で、二十八日の夜明けから本丸北の城壁を登り、城兵を切り伏せ、本丸一番乗りの名乗りを挙げ、城中にあった天草四郎時貞の旗指物《はたさしもの》★（陣中旗）を分捕《ぶんど》った。

実は、鍋島大膳は勝茂とともに江戸に赴いており、勝茂が島原に下った時に留《る》守居役《すいやく》★を命ぜられながら勝手に島原に参陣した。しかし勝茂に見つかって知行は没収、陣所から放逐《ほうちく》されたものの、鍋島勝茂の子の元茂（小城藩主）の陣中に隠れて、本丸一番乗りの功名を挙げようとしたのである。

天草四郎陣中旗（天草市蔵）

▼旗指物
戦場で戦意高揚などを目的に目印とした旗のこと。
▼留守居役
留守番役。

だが、この功名にもかかわらず大膳は無断で参陣したため、この後、元茂に預けられ、勝茂の養女を妻としていたのも離縁させられ、松浦郡山代の配所で食を断ち大酒を飲んで不遇のうちに死んだという。当時はまだ、鍋島武士の中には、こうした武功に生きがいを求め命を懸ける戦国的風潮が残っていたのである。

島原の乱で、佐賀藩は関ヶ原の戦いで西軍に属して徳川家に敵対した負い目を挽回する絶好の機会として、書史によっては、三万四〇〇〇人余という幕府規定の軍役（百石に二人程度。三十五万七千石の佐賀藩では七〇〇〇人程度でよかった）の五倍の兵員を率い、勝茂の子直澄を指揮官として出兵したという。勝茂も直澄に、「佐賀藩は一番乗りをして城を攻め落とせ。幕府指揮官の命令に背いてでも機会があれば攻め落とせ」という内容の書状を送っており、佐賀藩の兵力だけでも島原を攻略するつもりであった。

こうした佐賀藩の意向は、佐賀藩兵の戦死傷者の数にもはっきりと表れている。戦死者は幕府軍全体で一六四〇人であったのに、佐賀藩はそのうち六二〇人、負傷者は九二九七人中三〇三四人と、圧倒的な数にのぼった。

乱後、佐賀藩は、二十八日を総攻撃と定めた松平信綱の命に反し、勇み足による抜け駆けの戦功であると軍令違反の罪に問われることとなった。

このため、藩主鍋島勝茂は閉門《へいもん》（門を閉じ出入りを禁ずること）・蟄居《ちっきょ》（一室に閉じ込め謹慎させること）を申し渡されたが、鍋島藩ではこれを逆に名誉の閉

天草四郎像（長崎県南有馬町）

門として喜んだと伝える。
また、島原・天草では農民が不足して、六十竈《かま》（かまどのことで、世帯のことをいう）が佐賀藩から移住した。なお、移住者に対して一定期間の年貢免除という好条件に、佐賀藩から抜け出そうとする者が続出、藩では、その阻止に努めなければならなかったという。

これも佐賀

佐賀の名産・名所をちょっとだけ紹介

佐賀錦
絹の横糸と、金、銀、細く切った漆貼りの和紙などを縦糸に使っての豪華な錦織。精緻な幾何学模様が特徴で、写真の巾着をはじめ、バッグ、帯締めなど多彩な品が作られている。

神埼そうめん
佐賀は江戸時代から麦栽培が盛んなうえ、脊振山系の湧水にも恵まれ、優れた製麺技術が発達した。

吉野ヶ里歴史公園（神埼市・吉野ヶ里町）
弥生時代の大規模遺跡群を中心に、火起こしや勾玉づくりなどの体験プログラムも用意された歴史公園。

③

長崎警備と佐賀藩

鎖国下において佐賀藩が務めた長崎御番。
大過なく百六十余年が過ぎた文化年間にフェートン号事件が起きる。
長崎警備での失態が佐賀藩の転換点となった。

長崎御番を命じられて

江戸幕府を震撼させた島原・天草の乱が収拾された翌年の寛永十六年（一六三九）、幕府は、キリスト教禁止と海外貿易統制の目的から、ポルトガル船の渡航全面禁止により鎖国の体制を完成させ、翌年には、長崎でマカオ船を焼き討ちし、ポルトガル人六一人を処刑した。寛永十八年には、平戸のオランダ商館を、当初はポルトガル商館建設のため長崎港に新造した人工島の出島《でじま》に移し、入港地を長崎のみに制限、日本は長崎の出島《でじま》で、西洋の国ではオランダとだけ国交を行うという本格的な統制外交の道を歩み始めた。こうして以後、二百年余にわたり、長崎は、日本で唯一西洋に開かれた門戸となった。日本は長崎の出島という小さな扉を押し開け、未知の世界である西洋の国々を覗き見ることとなったのである。

当時の日本の人々にとってオランダ商館を介して取り入れた西洋の情報が、いわば西洋世界のすべてとなった。

同年、幕府は、福岡の黒田藩に対して長崎御番《ながさきごばん》（長崎警備）を命じ、翌十九年には佐賀藩にも同様の警備を命じた。以後、福岡・佐賀両藩は、隔年交替で長崎警備を義務付けられることとなった。地理的に両藩とも長崎に近く、石高（経済力）に恵まれた、しかも外様《とざま》★の大藩であったことが、その理由と思われる。

次いで、慶安二年（一六四九）には、長崎湾口《わんこう》両岸の西泊《にしどまり》と戸町《とまち》に番所を設置、数カ所に台場（砲台）を築造して、厳重な警備体制を整えた。こうして、佐賀藩と福岡藩を主力に、筑前秋月《あきづき》・肥前唐津・島原・平戸・大村・五島《ごとう》の各藩が補佐するという長崎警備の体制が確立された。

佐賀藩からは、当番年には通常一三〇〇人余が動員されて西泊・戸町の両番所をはじめとする長崎湾内（内目《うちめ》）の警備を、一方、非番の年であっても、五〇〇人余が配備されて、長崎湾外（外目《そとめ》）周辺の台場警備を余儀なくされた。また、長崎湾内外の香焼島《こうやぎじま》・伊王島《いおうじま》・神《かみ》ノ島《しま》などの島嶼《とうしょ》は佐賀藩深堀領であったため、これには佐賀藩独自で警備を継続していく必要があった。

このため、佐賀藩は、幕府からの一切の公役を免除され、また当時、各大名家が義務付けられた参勤交代についても、江戸滞在期間を百日に短縮することを許可されるなどの特別な配慮を受けたため、「百日大名」とも呼ばれた。警備は厳

▼外様
徳川氏の縁戚、または、本来の家臣ではなく関ヶ原の戦い後に臣従した諸大名。

円山応挙筆・長崎港之図
（長崎歴史文化博物館蔵）

重であったがゆえに、その負担も莫大であったからである。

しかし、佐賀藩は、この莫大な負担と引き換えに、鎖国体制下、長崎でのオランダとの関わりの中で、西洋を中心とする海外情報や文化をいち早く取り込む機会を手に入れることになるのである。

フェートン号事件

正保《しょうほう》四年（一六四七）にはポルトガル船が、また、寛文十三年（一六七三）にはイギリス船が、それぞれ長崎に来航して通商の再開を要求するなど、緊張の時はあったものの、とりわけ大きな事件もなく、百五十年余が経過した。そのため、人的・物的にも、また経済的にも莫大な負担を強いられる長崎警備も時代を経て次第に緩慢となっていった。

しかし、鎖国以降、停滞し泰平に満ちた日本国内とはうらはらに、世界情勢は慌ただしく動き始めていた。

十九世紀になると、たちまち日本はこの世界の激動の渦に巻き込まれていく。佐賀藩にとって多大な負担となる長崎警備が、粛々と、かつ永久的に続けられるかに見える中、鎖国の完成から百六十年余を経た十九世紀の初頭、佐賀藩のみならず、幕府をも動揺させる事件が続発する。

川原慶賀筆・出島図
（佐賀県立博物館蔵）

享和三年（一八〇三）には、アメリカ船とイギリス船が相次いで長崎に入港し、貿易を求めた。

また、さらに翌文化元年（一八〇四）には、ロシア特使レザノフのナデジュダ号が、寛政四年（一七九二）にラックスマンが根室に来て通商を求めた際、その翌年に箱館で幕府が与えた長崎への渡航許可証を持参し通商を求めた。この年は、佐賀藩が長崎警備の当番年であり、総動員数三万七八九三人のうち、佐賀藩からは実に二万四九三〇人・船三〇〇隻を動員して警戒に当たった。このロシア側の要求に対し、幕府は、鎖国は祖法であることを理由に要求を拒絶。そのため、彼らは帰路、蝦夷地近海で狼藉に及び、以後、北辺での紛争が頻発するようになった。だが、幕府をそれ以上に震撼させたのは、文化五年八月十五日のイギリス軍艦フェートン号の長崎港侵入事件である。

この日の夜、オランダ国旗を掲げた三本マストの船が長崎に入港した。オランダ商館長ドゥーフ★は待望の母国船の入港と喜び、長崎奉行所の役人に商館員二名をつけて旗合《はたあわせ》（臨検）のため、同船に送った。ところが、この船こそオランダ船に偽装したイギリス軍艦フェートン号であった。この二名の商館員を、武装したイギリス兵が拉致、フェートン号は艦載砲を長崎の町に向け威嚇《いかく》、人質の釈放と引き換えに食料と薪水を要求、さらにオランダ商館の明け渡しを迫ったのである。

▼ドゥーフ
ヘンドリック・ドゥーフ。一七九九年、出島商館の書記として赴任。一八〇三年商館長に就任し、以後十四年間、商館長を務めた。

この年はオランダ船の入港予定がなかったこと、また、例年のオランダ船の入港時期をすでに過ぎていたこともあり、当番であった佐賀藩の警備兵の総数もわずか一五〇人程度、砲も一一門。四八門の砲を装備し、三五〇人の乗組員を有するフェートン号の跳梁《ちょうりょう》をただ手をこまねいて見ているだけの状況であった。

長崎奉行松平康英《まつだいらやすひで》は、ただちに撃退に努めたが、佐賀・福岡両藩からも応援の軍隊は到着せず、結局、薪水・食料を与え、またオランダ商館からは牛や豚まで要求通りに与えることとなった。商館員二名は釈放され、十七日、フェートン号は意気揚々と出港した。責任を痛感した松平康英は自室に籠もり、十八日朝、フェートン号の帆影が長崎港から見えなくなる頃、割腹して壮絶な死を遂げた。

当時、オランダはフランスの支配下にあり、イギリスはフランスと対立関係にあった。フェートン号は、オランダ船捕獲のため長崎に入港したが、オランダ船が不在だったため、薪水・食料を要求したのである。いわばヨーロッパでのナポレオン戦争の余波が日本に及んだ事件で、それ以上の騒動には発展しなかったものの、イギリスのこの侵略的な行動は、日本に多大の脅威を与えた。

先のレザノフ来航の年も佐賀藩は当番年であった。この時も、佐賀藩の警備は、本来行うべき警備の一〇分の一ほどの体制にすぎなかった。幕府は十一月九日、佐賀藩の警備怠慢を責め、番所役人二名の切腹、九代藩主鍋島斉直《なりなお》には百日間の閉門（謹慎）を命じた。

フェートン号図
（長崎歴史文化博物館蔵）

藩内では、領民一般に歌舞・音曲、月代《さかやき》を剃る（丁髷《ちょんまげ》をのせる額を剃る）ことが禁じられ、商人には酒売り、職人には唐臼搗《からうすつ》き（臼で穀物を搗くこと）、油搾り、綿打ち、鍛冶《かじ》、桶作りなど、いずれも賑やかな音の出るものの営業、社寺の祭礼・法会《ほうえ》、講★や市の開催も停止された。かくして翌年の佐賀の正月は静まり返り、この事件は、佐賀藩の人々にとって、ひときわ鮮烈な印象を残した。

当時、商人の町として繁栄した長崎街道の牛津《うしづ》宿の商家に残る『野田家日記』には、「此冬、イギリスワタリ（渡来）、長崎大そふどふ（騒動）也、御国誤りありて、殿様御逼塞《ひっそく》、国中百ヶ日カ（が）間、戸セカリ（塞）、明春三月三日ニ戸明、寔《まこと》ニ前代未聞ノ事也、上使腹切、当国ノ諸士牢人或ハ切腹有リ、公儀へ飛脚ヲビタダシ、此年、疱瘡《ほうそう》ハヤル」と記述がある。

しかし、この長崎警備での失策が、佐賀藩における臥薪嘗胆《がしんしょうたん》の原動力、西洋近代化の推進力となったという意味では、今や佐賀の歴史の上では、見逃せない出来事となっている。

▼講
同行者・同業者の寄り合い。

④

佐賀の武士道『葉隠』

佐賀武士道の根本精神を語った『葉隠』は
武断政治が終焉を迎えて文治政治の世に変わる過渡期に誕生した。
語り手が心を込めた言葉は、筆録者の心を打ち、後世にまで伝えられた。

『葉隠』が生まれた背景

「宝永七年三月五日　初めて参会
浮世から何里あらふか山桜　古丸
白雲や唯今花に尋ね合ひ　期酔」

『葉隠』冒頭の部分の一節である。
『葉隠』といえば、佐賀の代名詞とされるほどに知れ渡った言葉だが、では『葉隠』とは何？　と尋ねると、今日ではその問いに相応《ふさわ》しい回答を示す人は、佐賀の人でも極めて少なくなった。

『葉隠』は、正式には『葉隠聞書』といい、佐賀をというより、日本を代表する武士道書・哲学書であると言っても過言ではなく、「肥前論語」とも呼ばれる。

その内容は、佐賀藩二代藩主鍋島光茂に幼い頃より仕えていた山本神右衛門《やまもとじんえもん》常《つね》朝《とも》（旭山常朝《きょくざんじょうちょう》）（一六五九〜一七一九）の談話を、若い佐賀藩士田代陣基《たしろつらもと》が筆録したもので、宝永七年（一七一〇）から七年を経て享保元年（一七一六）に成立した。全一一巻からなり、一・二巻は教訓、三巻は佐賀藩祖鍋島直茂の言行、四巻は初代藩主鍋島勝茂とその嫡子忠直の言行、五巻は二代藩主鍋島光茂と三代藩主鍋島綱茂の言行、六巻以下は佐賀藩士の言行・史跡・伝説・その他に分類され、全部で千三百余項の膨大なものである。ただし、一・二巻は、文章の体裁《ていさい》からして常朝の談話を田代陣基が筆録したものだが、諸氏の談話や諸本から収録して一一巻に編纂《へんさん》したものとする説もある。

『葉隠』という言葉の意味については判然としないが、栗原荒野著『校註葉隠』（青潮社）や滝口康彦著『佐賀歴史散歩』（創元社）等の記述によれば、「山里の木《こ》の葉《は》がくれに聞き、ひそかに書き留めた」という思いを込め、また、常朝が人目に立たぬ忠義、いわゆる「陰の奉公」「陰の徳」を重んじたことからくるとしている。田代陣基が筆録した『葉隠』の原本は現存せず、田代陣基より五歳年少の蒲原孝白《かもはらこうはく》が筆写した孝白本《こうはくぼん》のほか、山本本、中野本、小山本、五常本《ごじょうぼん》といった写本や、それらをさらに転写したものが残っているが、部分的には微細な違いが

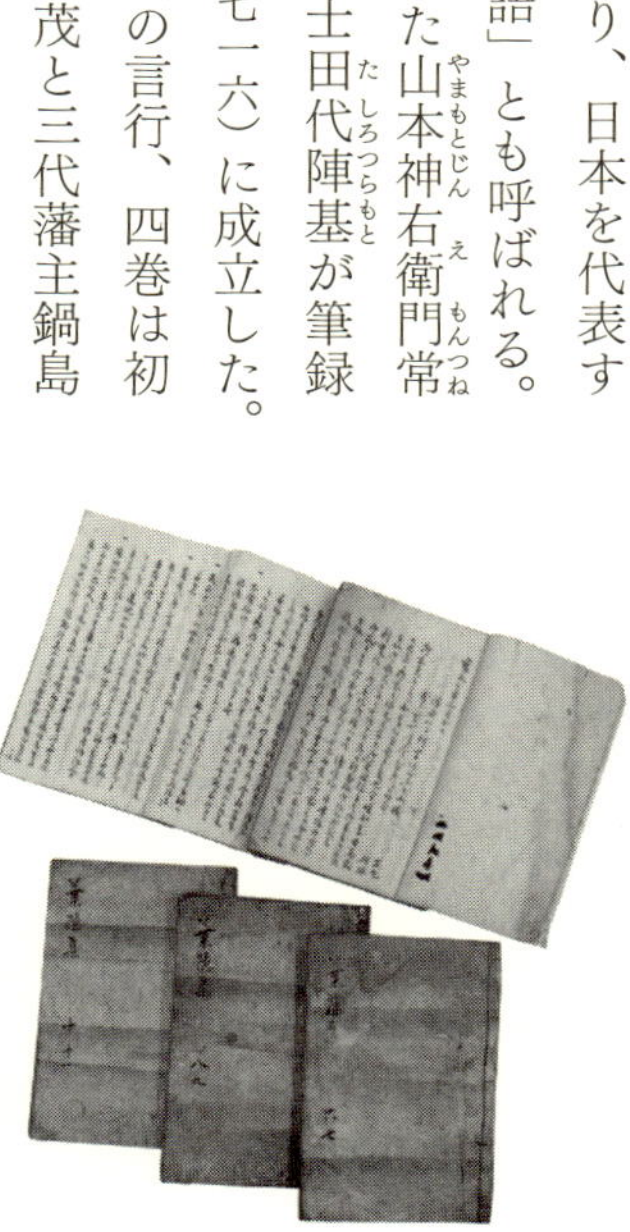
『葉隠集』（武雄鍋島家資料／武雄市蔵）

ある。

また、『葉隠』冒頭の前文には、「ここに記された全一一巻の書は、そのうちに火に投じてほしい。世間に対する批判や武士たちの行為の善悪、推量したこと、風俗などのことを、ただ自分の後学のために覚えておられたのを、話のままに書きつけたものである。他人が見れば、あるいは遺恨や悪事にもなろうから、必ず焼き捨ててもらわねばならない、と常朝殿は申された」という意味のことが記されている。そのため、江戸時代には、出版されることなく、藩校弘道館《こうどうかん》の教科書となることもなく、藩士の間で密やかに書写されて読み継がれた。

一方で、弘道館の教科書とされなかったことについては、内容があまりに殺伐として、排他的で、遠慮のない政治批判、人物批評が、平和な時代の武士道書としては相応しくなかったとする説もある。

『葉隠』の根本精神・基調は、序文の「夜陰《やいん》の閑談《かんだん》」に挙げられている四誓願《しせいがん》、すなわち「武士道において、おくれとり申すまじき事・主君の御用に立つべき事・親に孝行仕るべき事・大慈悲を起こし、人の為になるべき事」であり、この武勇・忠義・孝行・慈悲のうち、主君に対する忠義を最も重んじているといえる。

佐賀本藩二代藩主鍋島光茂の御側役・御書物役《ごしょもつやく》として九歳から仕えていた山本常朝は、元禄十三年（一七〇〇）光茂が逝去したため、剃髪して金立山《きんりゅうざん》の麓の黒《くろ》土原《つちばる》(佐賀市金立町)に草庵をかまえ閑居した。その彼のもとを、光茂の祐筆役《ゆうひつやく》(藩

葉隠の碑
（佐賀市金立町）

主の代筆係）を務めていた若い藩士田代陣基が、宝永七年（一七一〇）の三月五日に訪ねたことが『葉隠』成立のきっかけとなった。この時、常朝五十二歳、陣基は三十三歳。冒頭に挙げた「浮世から何里あらふか山桜」「白雲や唯今花に尋ね合ひ」という二つの歌は、この時、二人がこの地でめぐり会った感動を詠んだもので、初対面の古丸（山本常朝）と期酔（田代陣基）二人の感激が込められている。以来、陣基は常朝の草庵に足しげく通い常朝の談話を筆録、享保元年九月、七年の歳月を経て、『葉隠』をまとめあげたのである。

『葉隠』成立の背景には、二代藩主光茂、三代藩主綱茂の代に実施された本藩の支藩統制の強化、家禄世襲制の実施と殉死の禁など文治主義的政策への移行に対する常朝の強い反感があったと思われる。『葉隠』の内容については、常朝が仕えた光茂への忠誠心を基本としながらも、藩政初期の直茂・勝茂時代の制度、武断主義的な剛直な思想・行動への強い復帰願望があるとされる。

「死ぬ事と見付けたり」

「武士道といふは、死ぬ事と見付けたり」という言葉は、佐賀武士道、『葉隠』武士道の代名詞のように使われる言葉で、『葉隠』一巻の冒頭部分にその言葉は表れる。まずは、その部分を引用したい。

武士道といふは、死ぬ事と見付けたり。二つ二つの場にて、早く死ぬほうに片付くばかりなり。別に子細なし。胸すわって進むなり。図に当らぬは犬死などといふ事は、上方風の打ち上がりたる武道なるべし。二つ二つの場にて、図に当ることのわかることは、及ばざることなり。我人、生くる方がすきなり。多分すきの方に理が付くべし。若し図にはづれて生きたらば、腰抜けなり。この境危ふきなり。図にはづれて死にたらば、犬死気違なり。恥にはならず。これが武道に丈夫なり。毎朝毎夕、改めては死に改めては死に、常住死身になりて居る時は、武道に自由を得、一生越度なく、家職を仕果すべきなり。

——武士道とは死ぬことである。生か死かいずれか一つを選ぶ時、まず死をとることである。特別な理由はない。覚悟してただ突き進むことである。「当てがはずれて死ぬのは犬死だ」と言うのは、上方風の思い上がった武士道である。生か死か二つに一つの場所では、思い通りにいくかどうかは思案する必要のないことである。人間誰しも生きるほうを望む。望むほうに理屈をつける。この時、もしも当てがはずれて、生き長らえるならば腰抜けである。その境目が難しい。また、当てがはずれて死ねば犬死であり気が狂ったのも同然である。しかしこれは恥にならない。これが武士道において最も大切なことだ。毎朝毎夕、心を新たにして、死を思い、死を決し、いつも死に身になっている時は、武士道を会得し、一生失敗を犯すことなく、職務を遂行することができるのだ——。

従来、この「武士道といふは、死ぬ事と見付けたり」という言葉は、さまざまな解釈がなされている。その中で、「死ぬ事」とは、大方は「肉体の死」とするよりも、『葉隠』の根本に流れる精神である「山里の木の葉がくれ」、すなわち「陰の奉公」・「報いられない絶対的な忠誠心」、ひいては、「私利私欲の滅却」を意味するという見解が一般的である。しかし、分別を否定し、戦う人間としての覚悟を説く常朝には、すでに触れたように戦国の風潮を残す藩政初期、直茂・勝茂の時代に対する強い懐古があったとする見解がある。すなわち、武士道とは、分別ある、覚悟ある死に方であると説く、極めて戦国遺風的な考え方が根本にあったとする見方が、その一方にある。

武士道は死狂いなり。一人の殺害を数十人をして仕かぬるもの、と直茂公仰せられ候。本気にては大業はならず、気違いになりて死狂いするまでなり。又武士道において分別出来れば、早おくるるなり。

——「武士道は死に物狂いそのものである。死に物狂いになっている武士は、たったの一人であっても数十人が寄ってたかっても殺すことは難しい」と直茂公は仰せられた。正気では大仕事はできない。半狂乱になり死に物狂いで働くまでだ。武士道において、思慮をめぐらすようになれば、すでにそれは人に遅れをとっているのだ――という言葉も、思考、即、行動という常朝の根本に流れる戦国遺風的な哲学の表れと見てとることができよう。

『葉隠』に込められた人たち

二代藩主鍋島光茂（一六三二～一七〇〇）は初代藩主勝茂の孫に当たる。幼名翁《おう》助《すけ》。父は勝茂の子忠直である。

前述のごとく、父忠直は二代藩主を保証された立場にありながら、ついにその座に就くことはなく、二十三歳の若さで病死した。そのため勝茂は、忠直の弟直澄（初代蓮池藩主）に跡を譲ろうと考え、忠直の未亡人恵照院を直澄に再嫁《さいか》させるなどしたが、家中の反対でついに断念。ここに翁助は十七歳で元服して名を光茂と改め、明暦三年（一六五七）、二十六歳で二代藩主となった。

文雅を愛し、慈悲心に満ちたといわれる光茂は、文治による善政を行なった。幕府に先立ち、殉死（主君の死のあとを追って死ぬこと）を禁じたことも有名である。若い頃から和歌をたしなみ、晩年、山本常朝を京都へつかわし、「古今伝授★」を受けたことも知られている。『葉隠』の中にも彼の名君ぶりをしめす逸話が多く収められている。

反面、蓮池藩主鍋島直之が、許可を得ず、将軍家綱に太刀を献上し、本藩と、

▼古今伝授
『古今和歌集』の中の語句の解釈についての秘伝を受けとること。

鍋島光茂画像（高伝寺蔵）

小城・鹿島・蓮池三支藩との間に確執が生じたことから、佐賀藩の武家諸法度といわれる「三家格式」を制定、三家を本藩の完全な統制下に置くという厳しさも示した。

山本常朝は、九歳の時から、光茂の死までのほとんどの時期をこの光茂に近侍した。

常朝は、佐賀藩の中で名誉の家柄として知られる中野一門の血を引いている。常朝の祖父中野神右衛門清明は、もと、塚崎（現佐賀県武雄市）の領主後藤貴明《たかあきら》の家臣であったが、のちに佐賀藩藩祖鍋島直茂の家臣となった。一番乗りの功名数知れずという歴戦の勇士で、龍造寺隆信の家臣として幾多の戦陣を転戦、沖田畷の戦いで隆信戦死の報を受け追腹《おいばら》を切ろうとした鍋島直茂を諫《いさ》め、さらに、文禄・慶長の役でも戦功を挙げた典型的な戦国武士であった。常朝の父神右衛門重澄は、その清明の二男で山本家の養子となった。

常朝は、万治二年（一六五九）六月十一日、父重澄七十歳の時、末子として佐賀城下片田江《かたたえ》横小路《よこくうじ》（こうじ）に生まれた。幼名亀松。子供の頃は影法師のように頼りなく、二十歳まではとても生きられまいと噂されるほどに虚弱であったと伝えられる。滝口氏は前掲著書の中で、常朝の場合、二十歳までの命という自覚が、武道の練磨、学問の修得、仏道への帰依《きえ》という道を歩ませ、『葉隠』の生みの親にまで育て上げたとする。

氏は、常朝の人間形成に多大な影響を与えたとされる人物が四人いるとされた。父神右衛門重澄、鍋島家の菩提寺高伝寺の十一世住持湛然《たんねん》、佐賀藩随一の儒学者石田一鼎《いってい》、二十歳年長の甥山本五郎左衛門常治の四人である。氏に従い、彼らの人柄を紹介することとしたい。

山本神右衛門重澄(一五九〇～一六六九)

常朝の父。中野神右衛門清明の二男。二十三歳の時、山本助兵衛宗春の養子となり伝左衛門を名乗ったが、のちに鍋島直茂の命で、実父の名、神右衛門を継承している。慶長二十年（一六一五）の大坂の陣に加わり、寛永元年（一六二四）と寛永五年の大坂城普請の際は二百人頭を務め、島原の乱では、寛永十五年正月一日の原城攻撃で奮戦。また、有田皿山代官《さらやまだいかん》、伊万里《いまり》の奉行として、陶磁器生産、牧畜の振興に寄与したという。

●重澄は、一門の子供、生まれたばかりの子供にも耳元で、「大曲者《おおくせもの》（剛の者）になって、殿の御用に立て」、「まだ聞き分けぬ頃から耳に吹き込むのがよい」と言った。

●重澄は、いつも家来に「博打を打ち、嘘をつけ。一町歩く間に七回は嘘をつかねば男はものにならん」と言った。

●八十歳になり、臨終を迎えた時、「うめき声がでそうだ」と言うので、看病の者が「うめき声をだせば気分が楽になるものだ。うめきなさい」と言うと、「そうはいかん。山本神右衛門と人にも名を知られ、生涯大きなことを言ってきた者が死ぬ時になって、うめき声を人に聞かせてなるものか」と、とうとううめき声を出さなかった。

まさに重澄は、最期まで「大曲者（剛の者）」であった。重澄は寛文九年（一六六九）、八十歳で死んだが、この時、常朝は十一歳であった。『葉隠』の根本精神というべき言葉は、いずれもこの父重澄の強い影響を感じさせる。

湛然《たんねん》和尚（?～一六八〇）

肥前の生まれ。三河国《みかわのくに》で修行、のち、同じ肥前出身の名僧月舟《げっしゅう》の推挙で鍋島家の菩提寺高伝寺の十一世住持となった。寺風を厳格にし、藩主といえども寺内では飲酒を許さぬ剛直さを示したが、反面、慈悲心に富み、人々によく慕われたという。

しかし、二代藩主鍋島光茂が龍造寺隆信の母の菩提寺慶誾寺に参詣した折、仏壇の下に隠れていた円蔵院の住持村了が寺格の昇格を直訴。湛然の助命嘆願にもかかわらず、光茂が村了を斬罪に処したため、湛然は憤然と高伝寺を去り、佐賀北部松瀬の通天庵に籠もった。驚いた光茂は再三使者を送り、説得したが、湛然は頑固に拒否。光茂は十石を与えて、同地に華蔵庵を建立、湛然はここで十三年を過ごし逝去した。

山本常朝が二十歳の頃、あらぬ誤解を生じ藩主光茂の御側役を罷免された。不安を覚えた常朝は、父重澄が親しかった華蔵庵の湛然を訪ねている。

●湛然和尚は、日頃から「出家（僧侶）は、慈悲を表にして、内にはあくまで勇気を蓄えていないと、仏道を成就できない。武士は、勇気を表にして、内心には腹が破れるほどの大慈悲心がなければ、家業は成り立たない……」とおっしゃられた。

常朝が後年、『葉隠』の根本精神というべき四誓願の「大慈悲を起こし、人の為になるべき事」としたのは、湛然の影響を受けたことによる。

石田一鼎《いってい》（一六二九〜一六九三）

寛永六年（一六二九）四月、石田平左衛門の嫡男として生まれた。幼名兵三郎。幼時から学問を好み十五、六歳の頃には儒・仏の書物のほとんどを読み通していたという。十七歳で父を失い家督を相続。佐賀初代藩主鍋島勝茂に近侍し、明暦三年（一六五七）勝茂死去の後も、遺命によって二代光茂の御側役として光茂をよく補佐したが、寛文二年（一六六二）、光茂の怒りを買い小城藩にお預けとなり、小城藩領山代郷（現在の伊万里市山代町）に幽閉されたという。光茂の怒りを買った理由は判然としない。

寛文八年、許されて佐賀に帰ると、家督を甥に譲り、自らは下田（現、佐賀市大和町梅野）に移り、延宝五年（一六七七）、剃髪して一鼎と名乗った。この頃、常朝は石田一鼎のもとに出入りし始めたものと考えられている。一鼎がちょうど五十歳の頃である。

●良い手本をまねして、一心に習えば、悪筆でも人並みの字は書けるようになる。奉公人も、良い奉公人を手本にすれば、まずまずの奉公ができる。今時は良い奉公人がいない。だから、自分で良い手本をつくって習うのが良い。手本の作り方は、礼儀作法一通りはだれ。勇気はだれ。言葉遣いはだれ。……いざという時の決断の早さはだれ。人にすぐれた点を一つでも持っている人を見つけ、その良いところだけを選んで学べば、手本ができるものである。

『葉隠』四誓願のうち、「武士道において、おくれとり申すまじき事・主君の御用に立つべき事・親に孝行仕るべき事」の三つは、石田一鼎『要鑑抄《ようかんしょう》』の「一、武士道において、未練をとるべからず　一、先祖の名字を断絶すべからず　一、畢竟《ひっきょう》主君の御用に立つべし」とあるのを発展させたものとされる。

山本五郎左衛門常治（一六三九〜一六八七）

山本常朝の兄吉左衛門武弘の子で、常朝の甥。とは言え、叔父の常朝よりも二十歳も年長であった。父重澄は、常朝が十一歳の時に死に、湛然や一鼎はいわば隠棲《いんせい》の身であったのに対し、常治は現役の佐賀藩士で、常朝が二十九歳の時まで絶えず身近にあった。しかも、藩内でも特に剛毅な人物（大曲者）として名を知られ、常朝はこの常治の見事な生きざまから、より具体的に武士のあるべき姿を教えられた。行動面で最も大きな影響を受けたが、貞享四年（一六八七）、自宅よりの出火の責めを負って城下八戸《やへ（やえ）》の龍雲寺で切腹した。

『葉隠』の中の激しい言葉の数々は、当時の若侍たちの泰平に馴れた怠惰な風潮を嘆き、目覚めさせたいとする山本常朝の心情の表れと解釈されている。

最後に『葉隠』より名言——恋の至極は忍ぶ恋と見立て候。逢ひてからは恋のたけが低し。一生忍んで思い死にする事こそ、恋の本意なれ——。

これも佐賀

肥前磁器の華 有田焼と伊万里

豊臣秀吉による朝鮮出兵は、日本と朝鮮国のその後にも重大な悲劇的結果をもたらしたが、一方では、このとき日本軍によって連行された朝鮮人陶工たちによって、日本各地に新たな焼き物が誕生した。

大阪城天守閣には、秀吉が鍋島直茂に対して、朝鮮国内で細工のできる者、手利きの者などを捕らえて秀吉のもとに連行するよう命じた「豊臣秀吉朱印状」があり、これが朝鮮国内での陶工らの大量拉致を誘引させる資料と捉えることができる。

唐津焼については、すでに一五八〇年代頃から波多氏の居城である岸岳城周辺で日用雑器の生産が行われていたが、この朝鮮出兵で寺沢広高が陶工集団を連れ帰り、唐津で茶陶の生産が開始され、新たな展開を見せるようになったという。

また、佐賀藩では鍋島直茂の重臣多久安《やす》順《とし》（当時は龍造寺家久を名乗る）が、李参《りさん》平《ぺい》（のち金ヶ江三兵衛）とその陶工集団を連れ帰った。

伊万里大川内山の鍋島藩御用窯跡

李とその一類の陶工たちは、はじめは多久領内を転々として焼き物の試作に取り組んだが、十分な成果を得られず、多久から伊万里の藤の川内を経て有田に入り、元和元年（一六一五）頃、有田川上流の泉山の地にたどり着き、ここで良質の白磁鉱を発見、泉山から西約一キロメートルの上白川天狗谷に窯を築いて磁器の生産にとりかかった。これが、のちに佐賀藩の専売制の主要特産品となる有田焼の始まりで、また、日本における磁器発祥であるという。しかし、近年の調査で、すでに慶長十年（一六〇五）の頃には、磁器の作品を生産していたことが知られている。

白磁鉱の発見や、また周辺には陶石を砕くために必要な谷川や窯焚きの薪材に恵まれていたこともあり、周辺にはいくつもの登り窯が築かれ急速な変貌を見せた。日本人の中にも磁器の生産に従事する者も現れ、また窯焚きの薪用に近在の山を伐り荒らすようになったため、寛永十四年（一六三七）に、佐賀藩は朝鮮陶工とその子孫、および日本人でも由緒のある者を除き、日本人陶工八二六人を追放、さらに有田・伊万里地方の窯場を整理し、すべて有田の窯場一三カ所に統合した。

次いで、正保三年（一六四六）には、酒井田柿右衛門が「赤絵」の技法に成功した。

磁器の生産が盛んになると、佐賀藩では皿山代官を設置、藩内各地の皿山を統制下に置き、加えて陶工らの保護政策を行った。

一方、中国や朝鮮の官窯に倣い、「鍋島藩窯」すなわち御用窯《ごようがま》を造り、また、赤絵付けの技法の流出を防ぐため、厳しい登録制度を設け、登録赤絵屋を同一地域に居住させ一子相伝を厳守させた。彼らが居住した場所が有田の赤絵町《あかえまち》で、かつては袋小路になっていたといわれる。登録赤絵屋の数は、寛文十二年（一六七二）に一一名、明和七年（一七七〇）には一六名に定められた。その中で、特に優秀な者に、御用窯製品の赤絵付けが命じられたのである。

ところで、佐賀藩が有田焼を特産品とし、天狗谷から南約一・五キロメートルの岩屋川内に御用窯を築いたのは寛永五年（一六二八）、その後、さらに西へ二キロメートル、柿右衛門窯近くの南川原山に移転、延宝三年（一六七五）には伊万里の大川内山《おおかわちやま》に移され、製品は鍋島家に納められて幕閣や大名への贈答品とされた。特に、大川内山は、当時、御道具山と称されたが、伊万里の町から六キロメートルの青螺山《せいらさん》という三方を切り立った岩山に囲まれた秘境にあり、現在も「秘窯の里」の名で呼ばれる。このような地に御用窯を移した背景には、「赤絵」として珍重される「色鍋島」や、染付け、青磁などの「鍋島」の技法の漏洩や陶工らの逃亡を防ぐ目的があったといわれている。北西に面した一カ所だけの出入り口には関門（関所）と呼ばれる外門があり、さらに中門、内門が置かれるという厳重な備えとなっていた。ここで作られた製品は、ごく一時期を除いては、いったん有田の赤絵町に運ばれ、御用赤絵屋の手で絵付けがなされ、陶器方役人立会いのもと赤絵窯で焼き上げられたのである。

今日、「有田焼」として一般に名前が知られるようになったのは、比較的近年のことで、それ以前は、磁器の窯場で生産されるものは「肥前磁器」と呼ばれ、また、有田で生産された焼き物が伊万里に運ばれ、伊万里港から船積みされて諸国に出荷されたことから「伊万里」とも呼ばれた。

有田では、俗に「有田千軒」と言われるほどに窯業が発展し、国内の需要ばかりではなく、長崎の出島からオランダを通じてヨーロッパへも輸出され、大きな東洋の焼き物ブームも支えることになった。

また、慶応三年（一八六七）、佐賀藩が参加したパリの万国博覧会でも、佐賀藩は高さ二メートルほどもある染錦花鳥図蓋付大飾壺などを出品し、欧米各国の観衆を魅了した。

寛政十一年（一七九九）刊行の『山海名産図』には、「○やきもの陶器　諸州数品有中にも肥前国伊万里焼と云を本朝第一とす（中略）大河内山ハ鍋島の御用山（中略）伊万里は商人の幅輳せる津にて焼造るの場にはあらず、凡松浦郡有田のうちにて……都合二十四五所にハなれとも十八ヶ所ハ泉山の脇にありて是土の出る山也」と記されている。

第三章 藩政改革と文化

喫緊の課題である藩財政の立て直しと人材の育成。

1

佐賀藩藩政改革の始まり

慢性的な財政難に画期的な打開策も立たない中
幾度となく凶作に見舞われ、財政事情は悪化するばかり。
八代藩主鍋島治茂は「六府方」を設置し本格的な藩政改革を始める。

藩財政は悪化の一途

佐賀藩では、藩政の成立当初から慢性的な財政難に喘いでいた。龍造寺時代、多数の家臣たちに配分した知行地が多く、藩の財源とすべき蔵入地《くらいりち》（直轄地）が少ないことが原因にあった。既述のごとく、藩では二度にわたる三部上地（知行地の三〇パーセントの献納）を実施し財政の強化を目指したが、それでも江戸時代前期、藩に入る実収入は八～九万石程度にすぎなかった。

また、幕府から諸大名の石高に応じて課された駿河城・名古屋城・江戸城・大坂城などの普請役、さらに参勤交代の費用、加えて佐賀藩には、長崎港の警備も課せられたため費用も累積し、すでに十七世紀の半ばの段階で、佐賀藩の借財はおよそ一万貫（三〇〇〇両）に及び、利息の支払いのためにまた借財を重ねるという有り様であった。このため藩では、承応四年（一六五五）に、上方の銀主（借金の貸主）に対して、利息を帳消しにして、元銀だけ二十年賦の分割払いとすることを通告するほどであった。

　こうした財政難は、凶作によりさらに深刻となった。寛永十二年（一六三五）・慶安三年（一六五〇）・寛文九年（一六六九）・延宝六年（一六七八）・天和元年（一六八一）・正徳五年（一七一五）と合わせて六回の凶作、加えて、享保十七年（一七三二）の虫害による凶作・大飢饉は多くの餓死者を出し、その前年の藩内人口三七万一九五六人は、十九年には二九万二一一〇人に減少、実に八万人もの人口が失われたのである。享保の凶作による財政難の打開策として、佐賀藩では享保二十年（一七三五）に藩札《はんさつ》★を発行、さらに宝暦十二年（一七六二）の凶作では、翌年、銀三〇〇貫の藩札を発行した。しかし、その後、濫発《らんぱつ》による兌換《だかん》不能に陥り、佐賀城下の札元《ふだもと》★が打ちこわしに遭う事態となった。

六府方《ろっぷかた》の設置

　安永二年（一七七三）四月には、雨が降り続き、麦作に大きな被害を出した。翌年春から夏にかけては旱天、安永五年五月と七月の大洪水では三〇〇〇町の田畑が冠水するなど被害を受けた。

▼藩札
藩が発行した不換紙幣。その藩内のみに通行するもの。

▼札元
藩札を発行する民間の商人。

この後もさらに引き続く天候不順により、農民の中には流浪《るろう》する者も増加し、相次ぐ天災地変の頻発と農業労働力の不足は深刻な事態を招いた。また、安永三年、安永五年、天明二年（一七八二）には支藩に対する財政援助などが連続して行われ、本藩財政に大きな打撃を与えた。

そうした状況の中で、天明三年末、佐賀藩八代藩主鍋島治茂《はるしげ》は、「六府方《ろっぷかた》」という役所を設置した。

六府方の内訳は、山方、里山方、牧方陶器方《まきかたとうき》、搦方《からみ》、貸付方、講方の六局で構成され、その名は『尚書《しょうしょ》』★の「水火木金土穀これを六府という。正徳、利用、厚生の三事をいう」に由来するという。天明三年より前は、牧方★と陶器方は別で、貸付方、講方はまだ設置されていなかった。六府方設置は前述の佐賀藩内での天災の頻発が背景にあったと思われる。

その職務内容について、『鍋島直正公伝』には、「山方は総ての山岡谿谷《さんこうけいこく》を掌り、里山方は林野・隄塘《ていとう》・河渠《かきょ》、沼沢《しょうたく》・海岸・潟卤《せきろ》等、凡て田籍に上らざる土地を管轄し、城下の邸地町地などもみな其支配に属す。（中略）（陶器方は）伊万里郷の大河内に幕府進献の陶器製作所を創め、以って精良なる器を製せしめて秘密の工技を伝えしめたり。（中略）（搦方は）元来、佐嘉湾海（有明海）の潮汐は高度にして海浜に淤泥《おでい》を打寄するが故に其処に材を打ち柵を搦みて淤泥をして自然に堆積せしむる。これを搦と称す。搦方は此の役を掌るもの、泥潟を開築して新地

▼『尚書』
中国の経典。『書経』ともいう。

▼牧方
『鍋島直正公伝』には、「伊万里港の西なる山代郷楠久《くすく》の牧《まき》島に馬を蓄息せしめ、以て軍用其の他の需要に供せしむ」とある。

となす職任なり」と記される。山林・原野の開拓と殖民《しょくみん》、櫨《はぜ》・楮《こうぞ》の栽培と製蠟《せいろう》・製紙の産業奨励、新田開発などを推進・管理し殖産興業を推進する仕組みが整えられた。

安永七年、搦方（干拓局）附役《つけやく》の長尾矢治馬《ながおやじま》は「万人講（一種の富くじ）の利潤の五割を基金として、十年計画で六〇〇〇町の新田を開発し、三万石の増収を図る。汐留《しおどめ》工事に必要な労働力は旅人（他領の人）をあて、本田耕作に支障のないようにする。造立した新地は百姓と牢人（浪人）の間で七対三の割合で配分する」などの献策書を提出、その結果、藩内各地の干拓工事が開始され、天明五年（一七八五）には伊万里川口に八谷搦《はちやがらみ》が、寛政二年（一七九〇）には福富村新搦《しんがらみ》が完成した。天明三年から二十一年間で八〇町五反余（六百七十七石四斗余の収益）の新田が開発され、大坂への廻米★も五万石から七万石に増加したという。

六府方設置は、佐賀藩の本格的藩政改革の第一段階であった。

▼廻米
大坂の蔵屋敷に回送された年貢米などのこと。

② 鍋島直正（閑叟）の大改革

天性機敏な十代藩主鍋島直正は藩の財政難を身をもって知った。台風被害、二の丸炎上など次々と佐賀藩を襲う惨事。ピンチをチャンスとし積極的な藩政改革を行った名君の方策。

鍋島の一代交《か》わし

江戸時代後期から幕末にかけて「佐賀の名君」と謳われる鍋島直正（閑叟《かんそう》）は、文化十一年（一八一四）十二月七日、江戸桜田の佐賀藩邸に生まれた。父は佐賀藩第九代藩主鍋島斉直《なりなお》（一七八〇〜一八三九）、母は鳥取藩藩主池田治道《はるみち》の娘、幸姫《さちひめ》である。幼名は貞丸《さだまる》、文政五年（一八二二）に直正と改名した。

文政十三年二月、直正は、十七歳の若さで佐賀藩第十代藩主に就任し、この日から三十五万七千石の大藩の命運は、この若き藩主の肩に重くのしかかることとなった。事実、彼は藩主襲封《しゅうほう》直後から危機的な藩財政に直面、その克服のため自ら質素倹約に基づく藩政改革に乗り出し、強いリーダーシップで、幕末には佐賀藩を日本最大の雄藩に押し上げていく。

鍋島閑叟
（『佐賀藩海軍史』より）

佐賀には「鍋島の一代交わし」という言葉があった。鍋島藩は一代おきに明君《めいくん》が出るという。直正の父、斉直は決して暗君《あんくん》ではなかったが、時流の中では英明の君主ではなかった。『鍋島直正公伝』に、斉直は「刻限を守るに怠慢で、しかも外出時は必ず雨降る。このため雨神《あめがみ》と呼ばれた。駕籠《かご》の窓を閉め、人に顔を見られるのを嫌った」のに対し、直正は「天性機敏で常に刻限を守られた。外出時は天気常に晴朗となるため、晴神《はれがみ》と呼ばれた。駕籠の窓は開放し、好んで乗馬して遊行《ゆうこう》(ゆぎょう)、人と接することを楽しむ」、「父公と性格・境遇ともに正反対で、鍋島の一代交わしの俚諺《りげん》にかなうこと少なからず」と記されている。直正は、藩主となったその日から、「明君」としての期待と宿縁を担っていたのである。

江戸に生まれ成長した直正は、藩主襲封の翌三月、初めて江戸から自らの領国である佐賀に向けて行列を整えて出発した。しかし、前途揚々たるはずの彼をすぐに試練が見舞う。品川宿まで来た時、父の代までに築かれた莫大な借金取り立てのために押しかけた商人たちの座り込みに遭い、出発を延引《えんいん》せざるを得なかったのである。

駕籠の中で直正は、不運と不安の身の上を思い、悔し涙に打ち震えた。使命感に燃える、清廉の若き藩主にとって、この出来事は忘れ難い屈辱的な記憶として、彼の脳裏に深く刻み込まれることとなった。

「幕末佐賀の名君」の出発点

直正が生まれる六年前の文化五年（一八〇八）八月には、イギリスの軍艦フェートン号の長崎港侵入事件が起こっていた。鎖国時代、重要な長崎警備を義務付けられていた佐賀藩に衝撃を与えた、佐賀藩史を語る上で、触れないわけにはいかない大事件である。

また、直正襲封の一年半前には、空前の台風が佐賀藩を直撃した。台風は八月九日深夜から翌朝にかけて北九州を駆け抜け、北陸・東北地方まで被害を与えた。戊子《つちのえね》の年であったため「子年《ねどし》の大風」と呼ばれるこの台風は、記録上最大級の台風で、中心気圧九〇〇ヘクトパスカル、最大風速五〇メートルとも推定されている。九州の災害が最も激しく、なかでも佐賀藩の被害は甚大だった。

大風は豪雨をもたらし、有明海の満潮とも重なり、現在の佐賀市川副《かわそえ》町の大詫間《おおだくま》では海水が家を流しつくし多数の溺死者を出した。また、家並みが谷間に細長く連なる西松浦郡の有田町では、吹きすさぶ北東風が岩屋川内《いわやごうち》の素焼窯を吹き飛ばして大火となり、焼物町一〇〇〇軒のうち八〇六軒が灰となった。

佐賀藩全体では、水や海水に浸かった田畑など一万五〇九二町八反・決壊堤防四万八三五一間・全壊家屋三万五二八六軒・半壊家屋二万五二四軒・倒木八五万

六三九〇本・落橋二三〇一カ所・流失家屋一五一二軒・焼失家屋一六七〇軒・怪我人八八五三人・死者八二二五人（うち溺死者二六六人）・牛馬被害八四八匹。佐賀県災害史上、著名な台風である。

また、この台風は、帰国予定だったシーボルトの船を襲い、座礁した船の積荷が散乱、彼の荷物から禁制の日本地図が発見された。シーボルト事件★の発端となったとして「シーボルト台風」の名でも呼ばれる日本史上でも著名な台風である。台風が去った後、米がたちまち不足、藩は囲米《かこいまい》★二〇〇〇俵を払い下げ、家中の武士の救済にあたるとともに、極貧の農民に対しては、総計三〇〇〇両を支給して救済に努めたが、一方で、藩の借財はついに一三万両（現在の金額では百数十億円というべきであろうか）にのぼった。

こうした破局的状況の中で、直正は佐賀藩の新藩主となったのである。

さらに藩主就任五年後には、佐賀城二の丸が火災で焼失。その百十年前にも本丸を焼失したままであったため、佐賀藩は政治の中核を失うこととなった。

この極限状態の中で、直正は佐賀藩草創の根本に立ち返ろうと、政務中枢の場としての本丸の再建を決意、次いで藩政の刷新・転換を図った。窮地にありながらも、この機を改革のチャンスと位置付け、ポジティブ思考でその困難を乗り越えようとしたのである。

これこそ直正が、佐賀藩再建の巨大プロジェクトへ踏み出したその時であり、

▼シーボルト事件
ただし、シーボルト事件の発端が台風によるものという従来の説は、近年の研究でほぼ否定されている。

▼囲米
不時の用に備えて蓄えておく米。救荒備蓄の制度。

「幕末佐賀の名君」の出発点でもあった。

彼は、役人数の削減や陶磁器の専売により借金の減少を図ろうとする行財政改革、藩校弘道館を拡張して優秀な人材を育成・登用しようとする教育改革、さらに小作料の支払いを免除し農民らの没落を防ごうとする農村復興改革を実施。藩主直正の主導によるこの三つの改革が一定の成果を上げたことは、佐賀藩が次のプロジェクトへ踏み出す原動力を生み出すこととなった。

また、天保十一年（一八四〇）頃以降、佐賀藩武雄領で展開された西洋砲術の研究と訓練の成果を導入、幕府に対し、長崎警備のため大砲一〇〇門の製造と、長崎に砲台の築造を要求した。しかし、幕府からこれを拒否されたため、直正は佐賀藩独自でその計画を実行に移すことを決意。幕府は認めなくとも、必要だから佐賀藩がやる。直正は人並み優れた発想と実行力の持ち主であった。

抜本的行財政改革に踏み切る

文化五年（一八〇八）のフェートン号事件により、長崎には従来の七台場に加えて、四カ所の新台場、十カ所の増台場が加えられた。

文政十三年（一八三〇）、藩主を襲封した鍋島直正は、初めて封土《ほうど》である佐賀に入ると、四月、即座に長崎に赴き長崎警備の状況を視察、その重大さを肌で感じた。そして、このことが諸藩に先駆けて西洋文明を取り入れる契機にもなった。

また、天保九年（一八三八）には、長崎港外の遠見番《とおみばん》（監視員）の望遠鏡で西洋船が見えた時は、ただちに長崎から佐賀まで急報できる「白帆注進《しらほちゅうしん》」の体制を強化した（長崎〜佐賀間を約半日で連絡できたという）。その要点は、「①白帆注進があった場合、陸海両様の戦備を整える　②藩内各部門の頭人《とうにん》（長官）に報告、寺の鐘などを打ち鳴らす　③二門の石火矢《いしびや》（大砲）の合図で武士は各組の大組頭（隊長）の家に集結、一騎の連絡係が城に駆けつけ命令を待つ　④オランダなどの商船で、戦意のないことがわかれば、鐘を静かに打ち警戒を解く」というものであった。

同十二年には、藩領の香焼島《こうやぎじま》に五〇名の長崎警備要員（香焼団結）を常駐させるなど、さらなる警備体制の充実を図った。その結果、直正が藩主に就任した文政十三年とその十年後とでは、長崎警備費は激増、軍事関係費は米価に換算して六倍以上、銀で二〇倍以上になったという。

長崎警備を強化する一方で、文政十三年、直正は藩主就任の直後から行き詰まった佐賀藩の行財政改革に乗り出した。五月には、粗衣粗食令を出し、自ら倹約を率先、同時に各役所経費の節減、さらに翌年七月には、参勤交代の経費や江戸藩邸の費用の切り詰めを実施に移した。天保三年（一八三二）六月には、御側役人の費用節約・木綿着用・食事の簡素化、同四年には参勤交代時の御供人数のう

『白帆注進　外国船出入注進』より「観光丸」（鍋島報效会蔵）

ち家老・侍以下一九人を減じ、約一九〇〇両を節約したという。

一方、天保六年五月十日には、前述のごとく、佐賀城二の丸が焼失、藩政の中枢を失いながらも、彼は、いよいよ本格的な改革に乗り出すこととなった。それまで父斉直に相談しながら行っていた政治を独自に積極的に推し進め、また同時に、側近として井内伝右衛門・古賀穀堂《こくどう》・牟田口藤右衛門《むたぐちとうえもん》らの中堅クラスの家臣を藩政に参画させ、最高責任者にあたる「請役《うけやく》」（家老）には直正の異母兄である須古鍋島家の鍋島安房《あわ》（茂真《しげまさ》）を登用して、一挙に人事の刷新を図った。

中でも古賀穀堂（一七七八～一八三六）は、「寛政の三博士★」と呼ばれた古賀精里の長男で、二十歳の頃、父とともに江戸に出て学び、帰郷後、文化三年に藩校弘道館の教授となり、「学政管見《がくせいかんけん》」で学問を奨励、蘭学（洋学）の大切さを示した。文政二年、直正の教育係となり十三年間指導にあたり、直正の藩主就任時には、年寄役に任じられ藩政に参与した。また、その翌年には「済急封事《さいきゅうふうじ》」を示して、人材の登用・勤倹（勤め励んで倹約する）奨励・学問や産業の奨励・藩内の弊風除去などを進言した。直正の政策はこの穀堂の意見に支えられ展開したといわれる。

▼寛政の三博士
古賀精理（弥助）、尾藤二洲（良佐）、柴野栗山（彦輔）の三人。「寛政の三助」とも呼ばれる。

佐賀藩の「天保改革」の成果

古賀穀堂像
（佐賀県立博物館蔵）

鍋島直正による藩政改革は、襲封直後の天保年間（一八三〇〜四四）を中心としたため、「天保改革」とも呼ばれる。その要点は、質素倹約・借銀（借金のこと、主に銀で取引したから）整理による財政再建であり、農村の再編成による確実な年貢徴収であった。

改革の中では、まず藩役人の三分の一にあたる約四二〇人を整理した。また、家老以下、すべての家臣への知行地《ちぎょうち》・切米《きりまい》（俸禄米）の支給を停止、実際の藩政担当者（勤役《つとめやく》）で、千石以上の者は知行・切米の二〇パーセントを、役職のない者（休息）は、知行・切米の一五パーセントの相続米（生活実費）を支給し、それ以下の者も石高に応じて割合を決定するという厳しい俸禄制度に転換した。

一方、行政機構も、政務の中心を請役所と定めた。藩財政を担当する蔵方《くらかた》には、同時に農村支配を担当する郡方《こおりかた》を兼務させ、蔵方頭人《とうにん》（主任）も請役相談役から二名が兼務し、藩の行財政すべてが請役所のもとに集約される形となった。また、藩財政の支出担当の目安方《めやすかた》も請役所の管轄とされ、重要な議事は数名の重職たちで構成される仕組所《しくみじょ》で審議決定することとした。こうして、直正を中心に、藩政改革が強力に推進できる組織が整えられていった。

さらに嘉永四年（一八五一）からは郡方を全廃、請役一人が郡方頭人を兼務するように支配強化がなされた。郡方とならび年貢の収納にあたる代官には、有能な人材を登用、代官所を五カ所から八カ所に増設して、請役所に直結させ、藩内の農政改革を実現させていったのである。

佐賀藩における天保改革の柱としての財政再建は、借銀の原因となった江戸・大坂・藩地での経費節約と、借銀整理であった。その借銀整理の多くは、「利留《りどめ》永年賦《えいねんぷ》」（利子を払わず何十年もの年賦とする）や、「打切《うちきり》」（一部を払って、残りは踏み倒し）で、長崎商人への支払いなどは、借銀の一部を支払い、残りは「七十カ年賦」や「百カ年賦」で返済といった強引なやり方もあった。また、大坂商人の三井からの借銀については、元銀の四分の一を五カ年返済とし、残り四分の三は藩へ献金させるという及びもつかない方法であったという。

いかにも大胆な借銀整理の仕方だが、この借銀返済の財源は、江戸・大坂での経費節約と、上級家臣団らへの貸付金（元銀）の回収とその利子（利銀）などから生み出した。また、大坂へ米を運び、その売上金による返済が半分を占めていたといわれ、こうした財政再建策は、天保十二年（一八四一）以降に、ある程度の成果を上げたという。

また一方で、当然、年貢の増徴も行われたが、天保年間中頃以降は、年貢収穫高が十万石前後で一定しており、それ以上の増徴はもはや限界に達していたものと見られている。

藩に納める「地子《ちし》」（年貢）に対し、小作人が地主におさめる小作料を「加地子《かぢし》」という。さらに、佐賀藩の天保改革で特筆すべきは、この加地子の「猶予令」である。藩では、小作人の加地子を猶予する制度を天保十二年より実施、地主の立場を否定して地子米を確保し、農村の本百姓体制維持に努めた。まさに農村の再編成を行って年貢徴収を確実にしようとする制度であった。

また、藩内の商工業者らからの徴税には運上銀《うんじょうぎん》（取引高税）・冥加《みょうが》銀（営業税）・俵銭《たわらせん》（運輸税）などがあったが、これらはすでに過重な負担がなされていたため、天保十年頃からは防風林・木材・薪としての榛樹《はんのき》（カバノキ科の落葉高木）の移植、綿花の栽培、甘藷《かんしょ》（さつまいも）の栽培による砂糖製造、平戸からのクジラの占め買い、外国船目当ての西松浦郡山代郷での石炭採掘など殖産興業政策が実施されたが、米作中心の幕藩体制下ではいずれも軌道に乗らず廃止されていったのが現実であった。

③ 異国文化の通過点

日本史上にその名をとどめる多くの人物のみならず
異国人や珍味・珍獣も通った長崎街道。
九州一の都会だった佐賀藩を通った際の証言を紹介。

長崎街道のルート

古代から、九州は地理的に大陸に近接する地域として、政治的・軍事的、文化的にも重視されていた。長崎街道は、西海道《さいかいどう》の中心となる街道で、九州唯一の脇街道★として、公儀御用を最優先する主要な幹線として、宿駅《しゅくえき》★や道橋の整備も進み、次第に交通量も増加していった。

行程は、門司港を起点に、小倉宿《こくらしゅく》をはじめ、長崎までの間に二五宿、五七里（約二二八キロメートル）。江戸～長崎間は三〇〇里（一二〇〇キロメートル）に及んだ。

江戸幕府の鎖国政策によって、海外に開かれた唯一の窓口である長崎へ通じる重要な道として、参勤交代の諸大名、出島のオランダ商館長、天領《てんりょう》（江戸幕府

▼脇街道
江戸時代の街道で、本街道から分かれ、または本街道と連絡する道路。「脇往還」とも呼ばれた。

▼宿駅
宿場町。街道筋で、旅客を宿泊させ、また、荷物運搬のための人馬などを備えた所。

の直轄地）長崎の貿易等を取り締まる長崎奉行の行列などをはじめ、歴史上著名な人物が往き来した歴史の道でもあった。また、享保十四年（一七二九）、将軍吉宗の時代には白象が、さらに文政四年（一八二一）には駱駝《らくだ》がはるばる長崎から江戸まで旅をし、街道筋には大勢の見物人が殺到し、賑わったという記録も残されている。

江戸時代後期の古地図には、「小倉海道」と記されているものもあるという。五街道の一つ、東海道は「街」の字を当てず「海」を当てるのと同じ用例で、街道名は、目的地や通過地を示すものが多く、「小倉海道」とは長崎街道のことである。

しかし、現在、小倉街（海）道とは呼ばず、長崎街道と呼ぶのは、異国の情緒や最新の海外事情を最も早く日本にもたらした道であり、遠い異国の香り漂う産物や文化を運ぶ日本のシルク・ロードともいうべき道で、この街道に華やかでロマンチックな印象を抱こうとするからであろう。まさに、長崎からさらに遥かな中国や西洋の諸国へと繋がる広大な「海の道」が視線の彼方に思い浮かぶからに他ならない。

また、日本の食文化に大きな影響を与え、当時としては高級品であった砂糖も陸揚げされ、将軍家などへの献上品として運ばれた。南蛮★菓子を起源に持つ佐賀の〝丸ボーロ〟をはじめとする甘味文化誕生に関わった道として、最近では「シ

▼南蛮
ポルトガル・スペイン・オランダなど。江戸時代、シャム・ルソン・ジャワなど南洋諸島を経由して渡来した西洋諸国の総称。

ュガーロード」の名でも呼ばれるようになっている。

佐賀県を通る長崎街道は、ほぼ現在の国道三四号線に並行している。佐賀県では、一一宿があったが、本来のルートは、嬉野《うれしの》を通る南回りで、江戸時代初期にはすでに確立していたと見られている。しかし、塩田川《しおたかわ》・六角川《ろっかくかわ》の洪水のたびごとに、交通が途絶するため、十八世紀初めの頃から柄崎《つかざき》（武雄）経由の北回りルートに変更された。

基幹道路である長崎街道のほか、さらに多くの脇《わき》街道があるが、小田―六角宿―高町―鹿島―浜―多良を経由して諫早から長崎街道に入る多良海道（諫早街道）は佐賀藩領内だけを通るため、佐賀藩主の長崎往来に利用されていたという。

長崎街道の施設・機能

現在の佐賀県における長崎街道の東の入り口田代宿《たじろしゅく》は、肥前路と筑後・肥後路の追分《おいわけ》（分岐点）で、轟木宿《とどろきしゅく》は対馬藩領と佐賀藩領との国境である。

現在、JR長崎本線とJR鹿児島本線が分岐する西側の轟木川にかかる境橋（別名、番所橋）が、その境で、当時は防衛上の理由から橋は架けられず、二列の飛び石を伝って渡河したといわれ、これを陸渡しと呼んだ。

中原宿《なかばるしゅく》を過ぎ、神埼町に入ると、陸渡しの田手川《たでがわ》（江戸中期後、土橋となる）

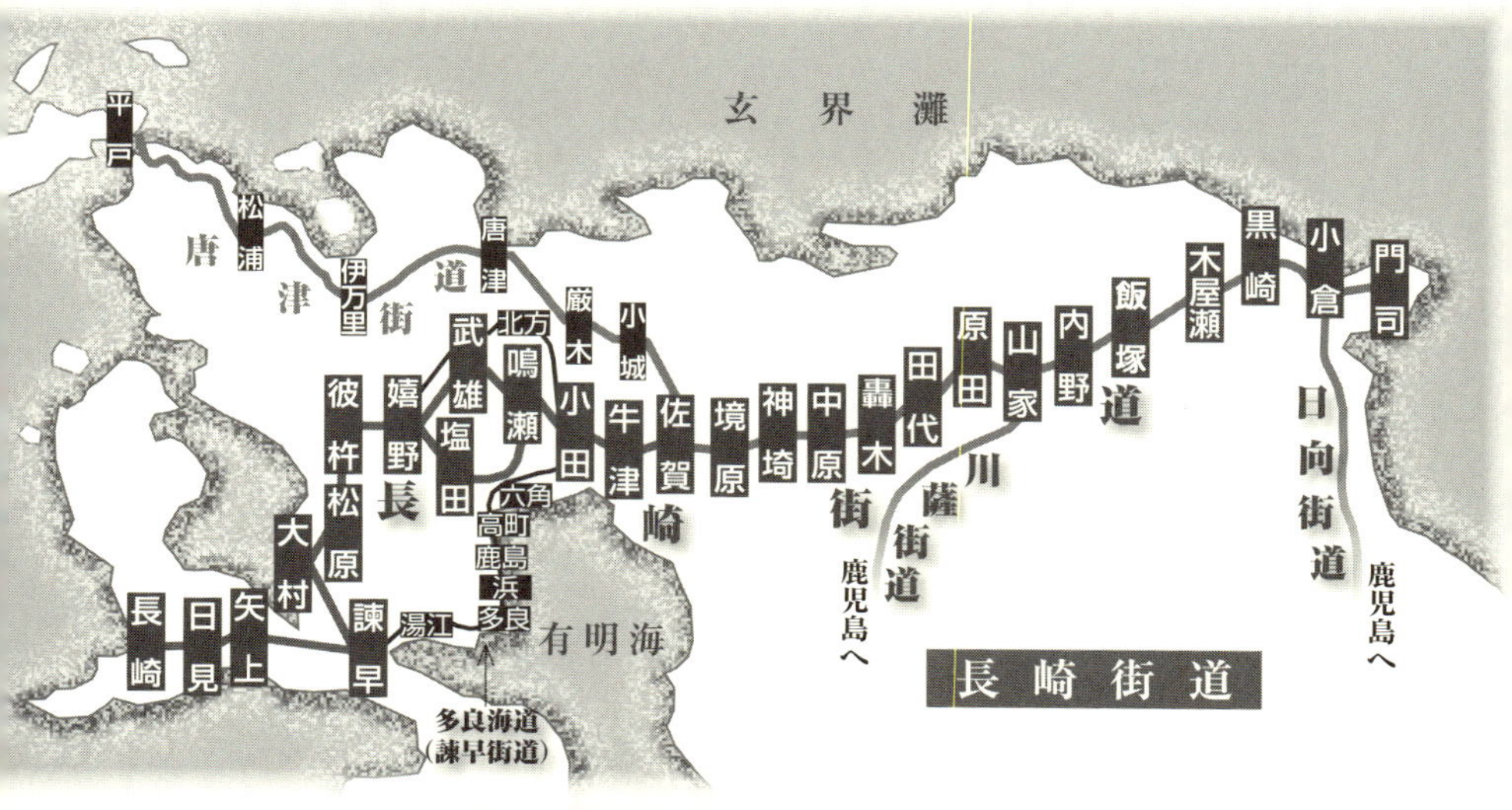

を経て、広円橋から地蔵町に出て、左に曲がり右に折れること五回、挽木町《ひきぎまち》の南手から城原川《じょうばるがわ》の橋を渡る。西堤防の追分で分かれ、南に下り千代田町の新宿から境原に出て巨勢《こせ》・佐賀城下東の構口《かまえぐち》に入り牛島町《うしじままち》・千代町・呉服町・元町・白《しら》山《やま》町・米屋町・中町・多布施《たぶせ》町・伊勢屋町・点合《てんにゃー(てんや)》町・六座《ろくざ》町・長瀬町・八戸《やへ(やえ)》町を経て嘉瀬元《かせもと》町に至る。佐賀城下では、この間、左折・右折を繰り返す。六座町から八戸町辺りにかけては、ノコギリの歯のように一軒一軒斜めに構えた家並みが見られ、家のかげに入ると反対側からは見えないようになっており、これは、外敵の侵入から佐賀城を防衛するための知恵であったとする説もある。また、佐賀初代藩主鍋島勝茂は、長崎街道の中心地である佐賀城下に駄賃馬《だちんば》六〇匹を常置し、これを三〇匹ずつ城下東の呉服町と西の長瀬町の馬継所に配置、馬散使《うまさし》（役人）を置くなど、交通の要衝に相応しい方策をとった。文政九年（一八二六）、シーボルト（ジーボルト）の『江戸参府紀行』（ジーボルト著・斎藤信訳／平凡社）では佐賀の城下を「おそらく九州で最も立派な人口の多いこの都会は、城郭外の町をふくめて長さ二里半、幅は約一里ある。たくさんの通りが東西南北に規則正しく交叉している。われわれが進んで行った大通りは道幅も広くよく手入れされていた」と記しており、往時の佐賀の繁華な様子が偲《しの》ばれる。

一般に街道の郡境には、境石が街道北側、江戸に向かって左側に立てられていた。分かれ道（追分）には、石柱の道標《みちしるべ》が置かれた。また、一里ごとに一里塚

二国境主標石
（佐賀県基山町教育委員会提供）

のこぎり形住宅
（『目で見る　佐賀百年史　明治・大正・昭和秘蔵写真集』佐賀新聞社より）

が造られ、五街道では、幕府によって道の両側に五間（＝九メートル）四方の築《つき》土《ど》をして、松や榎《えのき》が植えられた。

長崎街道では、境石同様に、江戸に向かって道の左側に築土を築いたが、東肥前は主として榎、西肥前は松を植えた。このため、一里塚は一里松などとも呼ばれ、五間四方の築土もいつしか山のようになった。各地に地名として残っているものはあるが、神埼町地蔵町の「ひのはしら地蔵（いぼ地蔵ともいう）」を祀った築土の一里塚は、現在の長崎街道に見られる唯一のものといわれる。

塚崎温泉と嬉野温泉

長崎街道の全二五宿の中で、温泉を持つ宿場は塚崎（武雄）と嬉野の二宿で、いずれも八世紀成立の『肥前国風土記』に記載される古い歴史を持つ温泉である。今も昔も温泉は旅の疲れを癒す場であり、当時も多くの旅人が宿泊し賑わいを見せたものと思われる。

塚崎温泉は、戦国期の龍造寺隆信も湯治に訪れたほか、文禄・慶長の役には、名護屋城に布陣する各地の武将たちの湯治場として利用され、豊臣秀吉はこの地を訪れる将兵に対して朱印状★「塚崎温泉掟書《おきてがき》」を出し、地元の住民に非道のふるまいをなすことを禁じた。十八世紀、長崎街道のルート変更により宿場の一

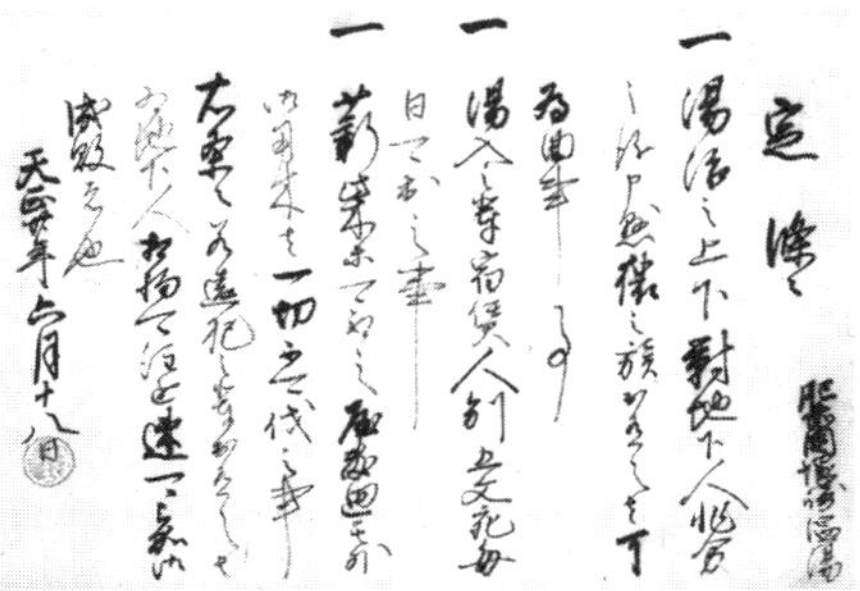

豊臣秀吉塚崎温泉掟書
（武雄鍋島家資料／武雄市蔵）

▼朱印状
豊臣秀吉の朱印が捺された書状のこと。

つに数えられるようになってからはさらに賑わいを増したようで、享和二年（一八〇二）、尾張の商人菱屋平七の旅日記『筑紫紀行』には「十丁行けば柄崎の宿。北方より是《これ》まで一里十三丁。人家四百軒計《ばか》り。佐賀の家臣衆の領地なり。此所に湿瘡・疥瘡などによしといふ温泉あり。遠近の人湯治に来り集る。さるによりて宿屋・茶屋も多し」とある。

現在の公衆浴場「武雄温泉」がある場所に、江戸時代、武雄領主の茶屋（別荘）があり、これが宿場の本陣となっていて、温泉も武雄領主の所有物であった。

諸々の旅日記等によれば、温泉の湯壺は五〜六つに仕切られていて「一番湯は御前湯とて常人は入る事を禁ず」とされており、身分などに応じて複数の湯船が用意され、湯賃も区切られていた。元治二年（一八六五）に長崎へ旅した唐津の町年寄★平松儀右衛門の『道中日記』の附図には、湯壺は上湯・十文・役人・五文・三文・女湯の六つが描かれ、温泉周辺には宿屋や商店が軒を連ねている。また、「養生として入湯に入込の人々、遠近の国々より凡《およそ》七八百人もありて宿屋を塞ぎ、其人々代りがわり湯へ通ふさま、ゆかたを着せしは凡婦人か老人、下賤か壮年の人は皆真裸、下帯なしにて銘々湯しゃく一本宛持て走る事を面白そふに行き違いぬ、素より髪は湯を浴る故、乱したるもあり、根ばかり結ひて居るもあり、湯ばかりの往来絶る間もなし」とあって、当時の塚崎温泉の大らかな賑わいのさまが記述されている。

武雄の硫黄泉
（『イラストレイテッド・ロンドン・ニュース』一八六一年十月二十六日号より）

▼**町年寄**
上席の町役人の称。

文政九年（一八二六）正月、オランダ商館医師シーボルトは新任のオランダ商館長スツルレルとともに将軍に謁見《えっけん》するため江戸参府の途上、塚崎温泉を訪れた。『江戸参府紀行』（前掲）に彼は「温元の湯溜りは（嬉野温泉と比べ）もっと大きく浴室もいちだんと快適な設備をもっている。使節とわれわれは肥前藩主の浴場で入浴する許可をえた。木製の浴槽で、湯元から湯が運ばれた。その清潔さは驚くほどで、もともと水晶のように透きとおった湯をまえもって馬の尾で作った細かい篩《ふるい》でこすのである」と記している。

また、塚崎温泉の湯賃は、武雄領主の収入となり「懸硯《かけすずり》」と呼ばれる藩の機密費に繰り込まれていたこともわかっている。この機密費が、武雄領における積極的な洋学受容の財源に繋がっていたことも想像され、いっそう興味深い。

一方、嬉野は、佐賀藩における三支藩の一つの蓮池藩領の飛地《とびち》領で、塩田頭人《しおたとうにん》役所の管轄の宿場であった。街道を通過する長崎奉行や諸大名は、道中の大きな宿場であった牛津宿《うしづしゅく》に宿泊することが多く、嬉野はもとは通過するか、小休憩をするのが専らであったという。ところが、寛政三年（一七九一）に牛津宿の中心部が火災で焼失、宿泊が困難となったことから、寛政九年からは嬉野宿が長崎奉行の常泊の宿場となり、以後、発展することとなった。

温泉の湧出する湯壺は、もとは豊玉姫《とよたまひめ》神社の敷地内にあり、宮司の支配によるものであったが、明暦二年（一六五六）には、藩の管轄となり、藩営の浴場とし

肥前武雄にある山道
（『イラストレイテッド・ロンドン・ニュース』
一八六一年十月二十六日号より）

て整備されることとなった。

元禄四年（一六九一）のオランダ商館医ケンペルの『江戸参府旅行日記』（ケンペル著・斎藤信訳／平凡社）には「その場所は竹の生垣できれいに囲まれ、見張所や別荘もある。（建物の）中の長いほうの側には、屋根の下に廊下が巡らされ、仕切られた六つの部屋があり、同じ数の特別に壁で囲まれた浴槽があった。（中略）傍には横長い藁屋根の別の休憩所があった。（中略）非常に（湯温が）熱くて誰ひとり指一本も中へ入れる気にはならなかった」と記される。湯屋はその後に改修が加えられて上湯・古上湯・並湯となり、ここでも湯賃の違いばかりでなく、身分に応じても区別され、足軽以下町人は並湯に入ることとなっていたという。シーボルトの『江戸参府紀行』（前掲）では「この温泉は山の麓の石膏層の上にあり、そこを掘りぬいた長さ約六フィート（約一八〇センチ）、深さ二フィートの湯壺に沸騰し泡立ちながら湧き出している。底では砂が舞い上がり、その中にはたえず気泡が生じ、枠は炭酸石灰でおおわれている」と現在では見られない温泉の情景を描いている。

嬉野温泉（シーボルト『日本』より）

④ 佐賀藩領内の教育と機関

江戸時代も四代、五代将軍の頃になると学問が奨励されるようになる。佐賀藩でも本藩各地に教育施設が建てられ、三支藩でも藩校が充実。こうした中から歴史に名を残す逸材が多数輩出されることとなった。

文治政治後の教育の力点

江戸時代は、地方でも藩士や庶民を対象に教育が普及した時代であった。

各藩では、城下の武士の子弟を対象に藩学《はんがく》・藩校《はんこう》が設立され、また、城下を離れた地域には郷学《ごうがく》・邑学《ゆうがく》が置かれた。また、庶民を対象として読み・書き・算盤《そろばん》を教える寺子屋《てらこや》も各地にみられるようになり、教育が急速に拡大した。

こうした学問興隆の背景には、江戸幕府四代将軍徳川家綱《いえつな》（在位一六五一～八〇）から五代将軍綱吉《つなよし》（在位一六八〇～一七〇九）にかけて、幕政は安定期を迎え、従来の武断《ぶだん》政治（武器の力で天下をまとめる）から文治《ぶんち》政治（学問を奨励し、法律・制度を整備することで天下をまとめる）へと転換が図られるようになったことがあると考えられている。

四代将軍家綱の時代には、牢人《ろうにん》（浪人）の発生・増加などの社会問題が発生し、そのため大名改易《かいえき》（大名家の取りつぶし）の緩和《かんわ》や、殉死《じゅんし》（主君の死に殉じて死ぬこと）、人質などの戦国遺風の廃止などが行われた。

五代将軍綱吉の時代には、武家諸法度の第一条も「文武弓馬の道、専ら相嗜むべき事」から「文武忠孝を励し、礼儀を正すべき事」に改められた。この文治主義は儒教に裏付けられた思想で、これにより元禄四年（一六九一）の湯島聖堂の建設、さらに付属の私塾昌平黌《しょうへいこう》（のちの昌平坂学問所）の設置など、儒学興隆の動きが活発化したのである。

佐賀藩の教育と学問

佐賀藩では、元禄四年（一六九一）の湯島聖堂の建設と時を同じくして、二代藩主鍋島光茂《みつしげ》は佐賀城内二の丸に「二の丸聖堂」を建て、孔子《こうし》ほか四哲像★を祀《まつ》り、「天縦殿《てんしょうでん》」の額を掲げた。「天縦」という言葉には、天命のままとか、生まれつきなどの意味がある。

また、佐賀城下白山《しらやま》の藩御用達の呉服商人で、京都の中村惕斎《てきさい》に学び一代侍格★の儒者を許された武富咸亮《たけどみともすけ》（廉斎《れんさい》）は、元禄七年、私財を投じて城北大宝村《おおたからむら》に大財聖堂《おおたからせいどう》を建設した。ここに三代綱茂は孔子像を、蓮池支藩二代の直之は顔子

天縦殿額（鍋島報效会蔵）

鬼丸聖堂の聖像三体（鍋島報效会蔵）

▼四哲像
孔子の弟子やその孫ら、四人の聖人の像。顔子・子思子・曾子・孟子の四人をいう。

▼一代侍格
一代限り侍の身分を許された者のこと。

像を寄進したと伝えられる。また、咸亮はその傍らに家塾依仁亭を設け、広く士庶に経書を講じた。これを記念して、正徳三年（一七一三）、その地に大宝聖林碑が建てられたが、現在は多久市の西渓公園内に移建されている。

さらに、三代藩主鍋島綱茂《つなしげ》は、元禄十年から数年をかけ、城内鬼丸《おにまる》（城下西側一帯の広大な園地に、西屋敷と称し別荘観頤荘《かんいそう》を造成。庶民の参詣の便も考え、二の丸聖堂をここに移し「鬼丸聖堂」とした。元禄十五年、綱茂が記録した『観頤荘』には、「城郭の西に別居を構え観頤荘と号す。『易《えき》』（中国の経典『五経《ごきょう》』の一つ）のいわゆる『観頤』の義を取り、伝えて推養《すいよう》の義という。大いに天地万物を養育するに至る。聖人、賢を養い以て万民に及ぼす」とあり、観は「示す」、頤は「養う」、「君主が学問・知識を身に付けて、人民にその徳を示す」という意と解釈される。また、観頤荘内には、築山・滝・池があり、さまざまな施設・建物、茶店や月見台・鐘楼・動物小屋、和書の書庫「随択府《ずいたくふ》」、漢詩の書庫「芸暉《げいき》閣《かく》」が置かれていたという。観頤荘はその名の通り、学問の場となり、佐賀藩学の発祥の地となった。この鬼丸聖堂に置かれたと伝える孔子像ほか二体の聖像三体は、「天縦殿」の額とともに現在も、鍋島報效会《ほうこうかい》に保管されている。

この後、天明元年（一七八一）九月、八代藩主鍋島治茂《はるしげ》は、佐賀城下松原小路の一九〇〇坪（約六三〇〇平方メートル）の地に「文武稽古場」を建て、同年暮れ「弘道館《こうどうかん》」と命名、教授に古賀精里《せいり》（弥助）、助教に石井鶴山を任命した。

鍋島綱茂像
（高伝寺蔵）

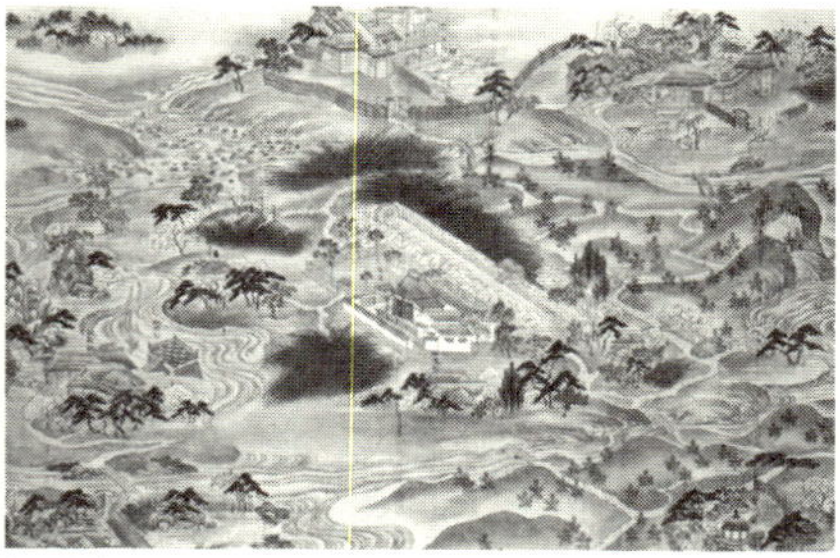
観頤荘図
（鍋島報效会蔵）

治茂に弘道館設立を決意させた動機の一つには、明和四年（一七六七）、藩士の一人が「政治の成否、風俗の善悪、財政の損益は役人の人柄による」として、人材登用と御仕組（計画性）による教育での人材養成を説き、七代藩主重茂《しげもち》に提出した献策書「御仕組八カ条」があるといわれる。

さらに、天保十一年（一八四〇）に、十代藩主鍋島直正《なおまさ》は藩政改革の一環として、「弘道館」を北堀端《きたほりばた》五四〇〇坪（約一万八〇〇〇平方メートル）に移転・拡張し、十七歳以上の者が学ぶ「弘道館」と、年少者が学ぶ「蒙養舎《もうようしゃ》」を設け、正保元年（一八四四）に、鬼丸聖堂の聖像を弘道館へ移した。

「弘道館」で教えられた教科は、おもに儒学に関する中国の書籍が中心で、のちに随意科（自由選択科目）として地理・物理・数学、洋学が取り入れられた。厳格な規律と粗食、文武不心得者（成績不振者）には、家臣に義務付けられる献米の増額（言い換えれば親の給料の減額）などがなされ、厳しい教育が行われた。内生（寄宿生）と外生（通学生）を合わせて約一〇〇〇人の学生が学んでいたという。さらに北堀端移転後は学習が強化され、朝は午前六時から八時、昼は午前九時から午後四時、晩は午後六時から午後十時まで行われた。

幕末まで、枝吉南濠《えだよしなんごう》・神陽《しんよう》（副島種臣《そえじまたねおみ》の兄）親子の国学研究者や義祭《ぎさい》同盟グループを生み、明治維新期に活躍した江藤新平・副島種臣・大隈重信《おおくましげのぶ》・大木喬任《たかとう》・佐野常民《つねたみ》・中牟田倉之助らの多くの傑出した人材を輩出した。

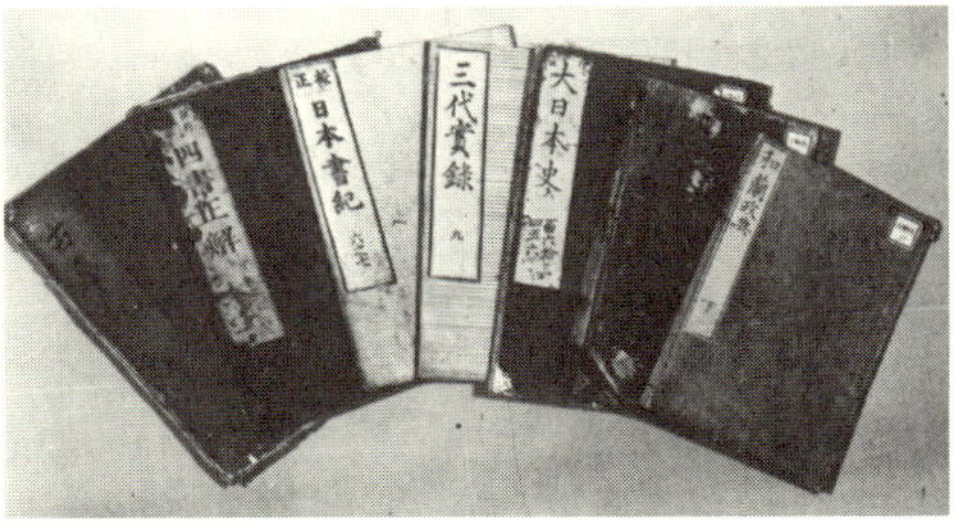

弘道館蔵印書籍
（佐賀県立佐賀西高等学校収蔵漢籍・国書〔佐賀県立図書館所蔵〕）

弘道館跡碑

佐賀藩領内各地の文教施設

鹿島藩……弘文館《こうぶんかん》

佐賀支藩鹿島藩藩校。現在の県立鹿島高校前付近にあった。寛文九年（一六六九）の頃、藩校の先駆的なものとして「睡足舎《すいそくしゃ》」（こののち「養花堂《ようかどう》」）があった。さらに、寛政元年（一七八九）に設置された藩校「徳譲館《とくじょうかん》」を、安政六年（一八五九）鹿島藩十三代藩主鍋島直彬《なおよし》が「弘文館」と改称、校紀を糺し学則を整えた。しかし、明治三年（一八七〇）、壬申《じんしん》の乱（六七二年）の時の大友皇子《おおとものみこ》の諡号《しごう》★が弘文天皇と決定されたため、これを避け、「鎔造館《ようぞうかん》」と改称。六歳以上十五歳未満の子弟を教育する「明倫堂《めいりんどう》」と、十五歳以上の子弟を教育する「内生寮」とに分けられた。

小城藩《おぎはん》……興譲館《こうじょうかん》

佐賀支藩小城藩藩校。現在の桜岡小学校敷地にあった。小城藩七代藩主鍋島直愈《なおます》の時代、天明四年（一七八四）の「文武稽古所」が起源。同七年には中国の儒書『礼記』の一節をとり「興譲館」と命名された。九代直堯《なおたか》の時、諸制度の改革がなされ、富岡敬明《とみおかけいめい》・中林梧竹《なかばやしごちく》などの人材が輩出した。

▼諡号
おくり名のこと。

蓮池藩……成章館

佐賀支藩 蓮池藩《はすのいけはん》藩校。現在の佐賀市蓮池町城内に、天明四年（一七八四）、設立された。翌五年の藩庁の通達で、文武に励ませ、将来、特に「御用」に役立つ人材の養成を目的とした。生徒数はおよそ寄宿生八〇人、通学生三〇〇人。嘉永五年（一八五二）、隣家の出火で類焼、翌年、北西部の北名《きたみょう》に再建された。蓮池領の塩田《しおた》には分校の「観瀾亭《かんらんてい》」が置かれた。

多久邑《たくゆう》……東原庠舎《とうげんしょうしゃ》

元禄十二年（一六九九）、多久邑四代邑主（領主）多久茂文《しげふみ》が建設した朱子学派の邑校《ゆうこう》。はじめ現在の多久市多久町東の原の椎原山の西麓に建てられたが、明和年間（一七六四〜七二）に聖廟の西南に移築された。鶴山《かくざん》書院・多久御学問所《おがくもんじょ》とも呼ばれた。領内の子弟は身分にかかわりなく教育の機会を与えられた。明治二年（一八六九）、「多久郷校」または「東原郷校」と改称。明治五年（一八七二）の学制に引き継がれ舎屋も移転した。

多久聖廟《せいびょう》「恭安殿《きょうあんでん》」（国重要文化財）

多久茂文《しげふみ》は、東原庠舎に中国で製造されたという青銅の孔子像とその弟子の四哲（君子）像を祀った。茂文は当初から孔子廟造営を思い立ったが、佐賀藩、幕

成章館扁額
（佐賀市立小中一貫校芙蓉校蔵）

多久聖廟
（提供：佐賀新聞社）

府の許可が得られず、その後、宝永二年（一七〇五）に着工、同五年に完成した。明治四十年（一九〇七）の改修で屋根は銅板葺きとなったが、平成二年（一九九〇）、本来の瓦葺きに戻した。春秋二回の釈菜《せきさい》（春秋の野菜を供え、孔子を祀る祭り。県指定重要無形文化財）は建築以来絶えることなく行われている。

武雄邑……身教館《しんきょうかん》

現在の武雄市役所の西南、西田小路の中央にあった。武雄邑五代邑主（領主）鍋島茂正《しげまさ》が先代茂紀《しげのり》の館を校舎として享保二年（一七一七）創設。一般には「学館」といい、講文所と修文所の二つの建物があった。武士の子弟は八歳から学問を始め、二十歳まで十二年間学問をする義務があった。遠隔地の者は十五歳までその地方の私塾で学ぶことが許されたが、十五歳になれば、必ず学館に入学する制度で日々十二時間の勉強を行った。明治二年（一八六九）の火災により廃校。

須古《すこ》邑……三近堂《さんきんどう》

現在の白石町の須古小学校にあった。須古鍋島の始祖龍造寺信周《のぶかね》は城内の屋敷の一部を教場にあて、これを「学館」と呼び、武士の子弟に文武両道を学ばせた。十代茂訓《しげくに》は、享保二十年（一七三五）、幼少時よりの教育に力を注ぎ、学館を拡張、指導督励した。内生・外生の二寮に分け、内生では漢文・算数など、外生では武道

多久聖廟釈菜
（提供：佐賀新聞社）

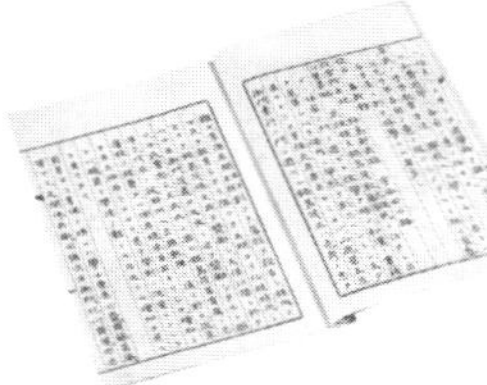

身教館要略
（武雄鍋島家資料／武雄市蔵）

身教館の蔵書印「武縣庫籍」
（武雄鍋島家資料／武雄市蔵）

を教えた。十四代茂真《しげまさ》は、天保三年（一八三二）、国家有為の人材育成のため、学館を増築拡張、「知・勇・仁」の三徳を身近に体得するという意味で「三近堂」と改め、同時に内生寮には通学生、外生寮に寄宿生を受け入れ、特に庶民の入学を許した。

久保田邑……思斉館《しせいかん》

久保田町元小路にあった。久保田邑主（領主）十一代村田政致《まさむね》は、武士の子弟の教養を高めるため、先代村田政賢《まささと》に続いて学問所を改善拡大、教義・学則を明らかにし、天明四年（一七八四）に「思斉館」を創設。現在も久保田町の小・中学校の校名として受け継がれている。

川久保邑……知方館《ちほうかん》

佐賀藩親類格川久保神代《くましろ》家の佐賀邸内の学校。元禄年間（一六八八〜一七〇四）、鍋島直賛《なおよし》の時代に本邑川久保村別荘内に「郷学校」を創立、文久年間（一八六一〜六四）、直宝《なおとみ》時代に「知方館」を佐賀邸内に設立、川久保邑の藤津郡飯田（現在の鹿島市飯田）に「教導所」を設けた。武士の子弟はまず、郷学校、教導所に通学し、学業進歩の生徒は公費生として知方館に寄宿、さらに勉励昇進の生徒は佐賀本藩の弘道館に寄宿したり、他藩に遊学した。生徒は知方館が約三〇人、郷学校約六〇人、教導所約二〇人であったという。

これも佐賀

佐賀藩の医学

佐賀藩では、文化三年（一八〇六）、弘道館教授古賀穀堂《こくどう》が、佐賀本藩九代藩主鍋島斉直《なりなお》に「学政管見《がくせいかんけん》」を提出、医学・蘭学の必要性を主張したが、藩財政急迫の理由から実現は見なかった。その後、天保五年（一八三四）、十代藩主鍋島直正《なおまさ》の時、八幡《はんまん》小路《くうじ》に医学寮《いがくりょう》を開設、同じ年に、蘭学寮も設置され、大石良英《りょうえい》（医学寮）と大庭《おおば》雪斎《せっさい》（蘭学寮）が中心となった。

安政五年（一八五八）には、水ケ江《みずえ》（佐賀市水ケ江の現在地）に移転、直正により「好生館」と命名された。その名は、中国の『書経』「好生之徳《こうせいのとくを》　治于民心《みんにうるおす》」の一節から名付けられている。

明治五年（一八七二）には病院を併設。多くの外国人教師を招いた。その後、明治二十一年、県の補助が全廃、医学校は廃止された。病院も郡立病院から共立病院と変遷し、明治二十九年、佐賀県立病院好生館となり今日に至っている。

ところで佐賀藩と言えば、種痘について触れないわけにはいかない。

種痘が疱瘡《ほうそう》（天然痘《てんねんとう》）に免疫性を有することは古くから知られていたが、従来の種痘法（人痘《じんとう》種痘法）には安全性に問題があった。だが、一七九六年、イギリスのジェンナーが安全な牛痘《ぎゅうとう》種痘を発見、その後、この種痘法が拡がることとなった。

牛痘種痘法については、シーボルトの弟子で長崎に医塾を開設する佐賀藩医楢林《ならばやし》宗建《そうけん》から大石良英を通じて直正に報告されていたという。天保年間（一八三〇～四四）の終わり頃、疱瘡が大流行した。嘉永元年（一八四八）、直正は、楢林宗建に命じ、当時のオランダ商館長モーニッケを通じて、翌年バタビア（ジャワ島）から痘《とう》痂《か》（かさぶた）を輸入、長崎で宗建の子永叔に接種し、好結果が得られたため、八月には佐賀城内で四歳の嫡子淳一郎（のちの十一代藩主鍋島直大《なおひろ》）に接種、続いて家老格の子供たちに接種した。

これを機に、佐賀藩では領内の子供たちに接種、若殿様の貴い種を分けて頂けると評判を呼び、種痘は瞬く間に領内に広まった。九月、直正は江戸参府に際し、痘種を江戸に運ばせ、神埼出身で江戸に蘭学塾象先堂《しょうせんどう》を開く伊東玄朴《げんぼく》の娘に接種、続いて直正の長女貢姫《みつひめ》にも接種した。以来、約半年の間に、日本全国に種痘が広まり、佐賀藩はまさに予防医学の先駆《せんく》となった。

なお、佐賀藩における種痘について、長崎で種痘の勉学に励んだ武雄の医師中村涼庵《りょうあん》が、天保八年に武雄領主鍋島茂義の子茂昌らに牛痘を接種したと書誌に伝えるが、裏付けとなる明らかな資料は発見されていない。しかし、茂義が残した買いもの帳「長崎方控」の嘉永二年九月七日の記述に「郡治（涼庵）義、牛痘植方蘭医直伝罷帰候、郡治娘、藤吉子両人ニ二日朝植付、連帰」との記述があるのを最近見出した。これから推し測れば、武雄領での牛痘接種も、佐賀本藩とほぼ同時であったと見るべきかもしれない。

第四章 佐賀藩の維新回天への道

近代化へ突き進む佐賀藩特有の背景。

①佐賀藩の大砲と軍備の近代化

日本初の反射炉を築いて大砲を鋳造し近代化の先頭を走る佐賀藩。
その最大の功績者は本藩藩主直正といわれてきた。
だが近年、彼の兄貴分である武雄領主鍋島茂義の存在が注目を集めている。

武雄の蘭学

安永三年（一七七四）、『解体新書』の訳述刊行により、新たに「蘭学」という言葉が生まれた。医学の分野で実用の学問、つまり実学《じつがく》としての西洋の学問「蘭学」の評価が高まった結果である。これを契機としてさまざまな分野でも「蘭学」への関心が高まった。文化八年（一八一一）には、幕府自らも「蛮書和解御用《ばんしょわげごよう》」という蘭書の翻訳を専門に担当する部局を設けて「蘭学」の研究に乗り出すこととなった。

幕府が正式に実学としての「蘭学」を容認する少し以前から、特に西国大名の間で西洋の文物に興味を抱き、これを取り入れようとする者たちが現れた。平戸藩主松浦静山《まつらせいざん》、薩摩藩主島津重豪《しげひで》、熊本藩主細川重賢《しげかた》、福岡藩主黒田斉清《なりきよ》、また佐賀藩主の鍋島直正などで、いわゆる「蘭癖大名《らんぺき》」と呼ばれる人々である。

ところで、これら蘭癖大名と呼ばれる目新しい物好きの者たちは、一体、西洋のどのような文物に関心を寄せていたのだろうか。

その一端を垣間見ることのできる、いわゆる「南蛮渡り」「オランダ渡り」と称される品々は、各地の大名家や博物館等に散在している。なかでも膨大な洋学資料が、佐賀県西部の町、武雄市に収蔵されている。

武雄市図書館・歴史資料館には、まさに当時の蘭癖大名たちの垂涎《すいぜん》の的となったであろうオランダ渡りの品々――西洋の学問書である蘭書や、オランダ東インド会社（VOC）のマーク入りの輸入用麻袋、天体望遠鏡、顕微鏡、天球儀・地球儀、蓋物絵皿、金唐革、オルゴール時計、ホクトメートル（比重計）、ワイン瓶、ランプなどなど……が保管される。

武雄邑主（領主）の鍋島家は、佐賀本藩から二万六千石の知行を与えられ、龍造寺系の他の三家、諫早《いさはや》家・多久《たく》家・須古《すこ》鍋島家とともに親類同格に列せられ、佐賀藩の請役《うけやく》（家老）を務める重要な家柄であった。

武雄領主の鍋島茂義が先導

既述のごとく、鎖国時代、江戸幕府は、福岡藩と佐賀藩に対して隔年で長崎の

フランス枕と呼ばれる置時計（フランス製）
（武雄鍋島家資料／武雄市蔵）

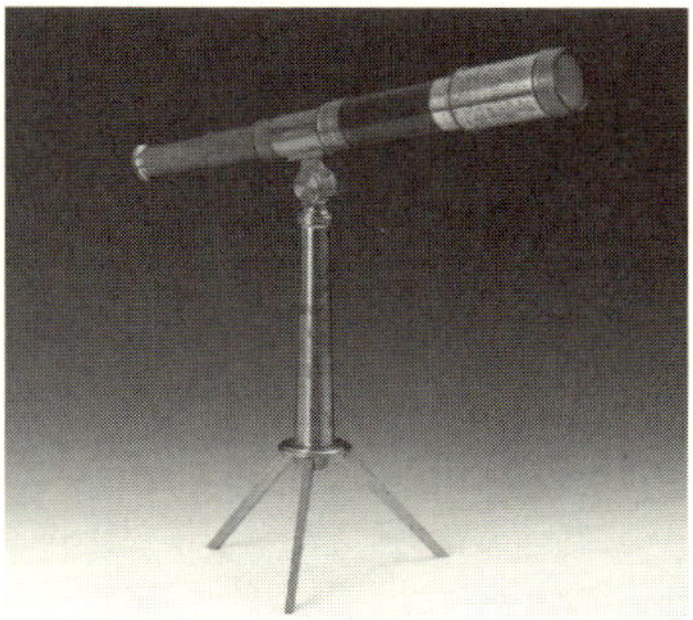

天体望遠鏡（オランダ製）
（武雄鍋島家資料／武雄市蔵）

御番（警備）を命じたため、その負担は藩財政に重くのしかかった。しかし、過重な負担を余儀なくされた反面、この警備こそが佐賀藩と蘭学を深く結びつける重要な要因となったのである。

佐賀藩主の鍋島直正（閑叟）は、蘭学に多大な興味を抱いた人物として知られるが、佐賀支藩の蓮池藩藩主鍋島直與《なおとも》（雲叟《うんそう》）もまた、蘭学を積極的に導入、佐賀蘭医学の始祖といわれる島本良順《しまもとりょうじゅん》を侍医に招き、次いで長崎の高島秋帆《たかしましゅうはん》の子浅五郎や門弟の山本晴海《はるみ》を招いて砲術研究に力を注いだ。

だが、佐賀藩の蘭学は、やはり武雄邑（領）内における砲術研究の分野で本格的に開花したとすべきであろう。この武雄領での蘭学導入の立役者と呼ぶべき人物が、武雄領の第二十八代目の邑主（領主）鍋島茂義である。近年、武雄領の研究が進むに連れ、佐賀藩への蘭学導入の上で主導的な役割を果たした人物として大きく注目を集めるようになった人物である。

長崎警備を担当する佐賀藩に大きな打撃を与えたフェートン号事件の八年前、寛政十二年（一八〇〇）十月二十五日、茂義は、佐賀の武雄鍋島家屋敷で父茂順《しげより》の五男として生まれた。旧暦のことなので、現在の暦に直すと十二月十一日、武雄鍋島家資料中の「御日記草書」には、雪も舞う寒い夜であったと記される。

鍋島茂義が、フェートン号事件をどのように捉えたかはわからない。まだ九歳の茂義には、事件は鮮明には見えていなかったと考えるのが至当であろう。ただ、

鍋島茂義肖像画（武雄市蔵）

藩内の一領主として成長する中、事件の雪辱とか名誉の回復といった使命感が、意識の上でも次第に鮮明さを増していったであろうことは想像に難くない。

文政五年（一八二二）十一月一日、鍋島茂義は、二十三歳の若さで佐賀藩の最高責任者である請役《うけやく》（家老）に就任した。

一方、佐賀藩第十代藩主鍋島直正は、文化十一年（一八一四）十二月七日に江戸桜田の江戸藩邸で生まれた。フェートン号事件から六年後のことである。

ここで茂義と直正とのエピソードに触れておこう。武雄に残る資料に、十九世紀前〜中期頃に描かれたと思われる多くの絵画資料があり、その中に、〝鷹〟と中国風の〝人物〟を描いたものの二点の作品がある。いずれも添書《そえがき》に、茂義が「文政七年十二月二十九日」に「江府（江戸）」で「貞丸様御所望」により差し上げた絵の写しである旨が記されている。貞丸は、鍋島直正の幼名で、これにより、当時十歳の直正に、十四歳年長の茂義が絵を書き贈ったことがわかる。佐賀藩の請役という重職にあった茂義は、同時に、直正の良き兄貴分でもあった。

さらに、文政十年二月、茂義は直正の姉寵姫《ちょうひめ》との婚儀が整い、実体においても、鍋島直正の義兄となった。『直正公譜一』には、直正が佐賀藩主を襲封した文政十三年五月一日、直正が茂義を召して財政改革の決意を示したことも記されている。

「天保三壬辰従七月　日記地」（武雄鍋島家資料）によれば、鍋島茂義は、

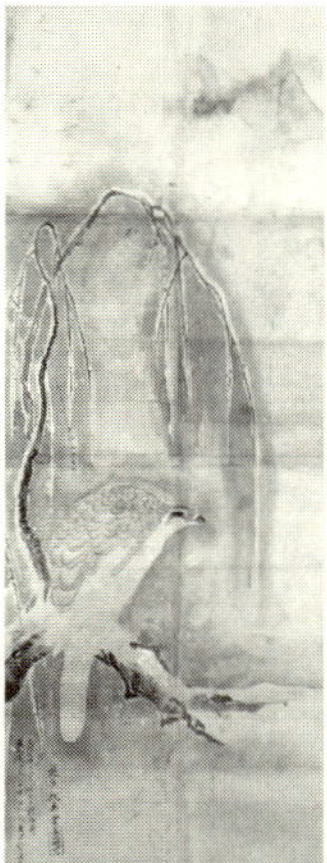
鍋島茂義筆「鷹図」（個人蔵）

天保三年（一八三二）八月一日家督を相続、第二十八代の武雄領主となった。さらに九月一日には「長崎御仕与方《おしくみかた》（長崎警備）御頭人（長官）」に仰せ付けられた。

しかし、十二月には九代藩主鍋島斉直の江戸参府に藩財政節約の理由から反対したため、御叱《おしかり》を蒙り請役を罷免され、以後、藩政から一切手を引いたと書誌に伝える。前掲の天保三年「日記地」には、体調不良から役方を辞退したと見える。とは言え、この時期以降、武雄では西洋砲術を始めとして本格的な洋学導入が開始され、鍋島茂義主導によるその取り組みと熱意は、やがて佐賀本藩をも突き動かし、茂義の存命中も、そしてその後も一貫した展開を見せるのである。

佐賀藩の砲術

砲術研究は、鎖国当初から長崎警備を担当し、また、先のフェートン号事件で失態を問われた佐賀藩にとって、汚名挽回のための、当然かつ最重要の課題であり、前記のごとく、佐賀藩の洋学研究は、武雄の西洋砲術研究から展開した。

手始めに最新式の火打ち銃を輸入した茂義は、次いで大砲に目を向け、家督を相続したと同じ天保三年（一八三二）、当時、西洋砲術の第一人者であった長崎の高島秋帆《しゅうはん》のもとに家臣の平山醇左衛門《じゅんざえもん》（山平《さんぺい》）を入門させた。さらに二年後に

高島秋帆肖像
（長崎歴史文化博物館蔵）

は茂義自身も入門して砲術と大砲鋳造の基本原理などを学び、天保七年には高島流砲術の免許皆伝を得た。この間、高島秋帆も武雄に来て、実地に砲術の指導をしたことが、残された文書等からも確認される。現在も武雄には、日本人が初めて鋳造し、この時、秋帆がもたらしたと考えられる西洋式大砲のモルチール砲があり、また、ほかにも武雄で鋳造された可能性を残す三門の大砲がある。

茂義もまた、天保八年九月十六日、武雄領内真手野《まての》での砲術訓練では、「旦那様（茂義のこと）、ボンベン（大砲のこと）、御自身御詰め込み遊ばされ候末、右玉、御試し打ちあそばされ候」と、自ら試し打ちを行うほどに習熟を遂げていたことも確認できる。

天保十年、茂義は四十歳の時、家督を子の茂昌《しげはる》へと譲り引退した。表向きは病身が理由だが、茂昌は当時わずかに八歳。以後も領内の実権は茂義の掌中にあったことは容易に想像できる。

翌年、茂義は佐賀城の東方、神埼郡の岩田で、藩主直正に武雄の砲術を披露。その成果に大きな刺激を受けた直正は西洋砲術の積極的導入を決意する。以後、佐賀藩として本格的な砲術研究の取り組みが開始。直正は、嘉永三年（一八五〇）、「大銃《おおづつ》製造方」を設け、佐賀城下築地《ちいぢ（ついぢ）》に大規模な反射炉を築造、鉄製大砲の鋳造に取り掛かった。また、同年暮れには、長崎伊王島《いおうじま》・神《かみ》ノ島《しま》の砲台築造の大規模工事にも着手した。

モルチール砲
（武雄鍋島家資料／武雄市蔵）

築地反射炉絵図
（鍋島報效会蔵）

このように、佐賀藩における本格的な洋学研究は、長崎警備との関連から、軍事面、特に砲術の面で急速に展開した。そして、同時に佐賀藩では西洋式の調練により鍛錬された大規模な軍隊と、大砲など銃器の迅速かつ大量の輸送を可能ならしめる蒸気船の研究、海軍力の創設も進められたのである。

嘉永五年（一八五二）、佐賀藩は多布施《たぶせ》の大砲鋳造所に隣接して精煉方《せいれんかた》を設置、蒸気機関の研究をはじめ、さまざまな理化学研究・実験・開発を行った。

安政元年（一八五四）、武雄の前領主鍋島茂義は、永年の蘭学研究の業績を評価され、佐賀藩の蒸気船製造主任に任じられた。また、翌年には、精煉方で日本初の蒸気車、蒸気船の雛形《ひながた》も製作された。

武雄領主の買いもの帳「長崎方控《ながさきかたひかえ》」

武雄鍋島家に伝えられた資料の中に、「長崎方控《ながさきかたひかえ》」と題された資料がある。武雄に現存する膨大な洋学関係資料★の中でも、この「長崎方控」は、武雄の洋学導入の克明な情報が入手できる極めて貴重な資料である。本来、五分冊であったはずだが、一巻目は行方が知れず、二巻目から五巻目までの四冊が残っている。

「長崎方控」が筆録された年代は、二巻目は天保九年（一八三八）から弘化三年（一八四六）までの九年間、三巻目が弘化四年から三年間、四巻目が嘉永三年（一

▼「長崎方控」をはじめとする武雄鍋島家資料は、その特殊性と希少性から、そのうちの二、二二二四点が「武雄鍋島家洋学関係資料」として平成二十六年（二〇一四）、国重要文化財に指定された。

八五〇）から九年間、四巻目が安政六年（一八五九）から文久二年（一八六二）までの四年間、通算二十五年にも及んでいる。

いずれも長崎での、オランダ・中国からの輸入品、および国内に流通する物品類の注文の控えであり、品目は、鉄砲・火薬から種々の器物・蘭書・薬品・植物・顔料・嗜好品など、ありとあらゆるものに及ぶ。各巻とも、前半は物品の注文、後半は武雄への到来品が記録されている。長崎の恵美須町《えびすまち》や、佐賀藩諫早領矢上《やがみ》などに武雄屋敷が置かれていた。そのため、所望する物品の注文は、長崎に往き来する家臣や飛脚に託して阿蘭陀通詞《つうじ》や商人・細工人に依頼され、到来品は、同様に彼らによって武雄にもたらされた。武雄市歴史資料館に収蔵されるオランダ渡りの種々の品々は、このようにして武雄に集められたのである。

残された「長崎方控」二〜五巻の年代・分量とも併せて考える時、行方のわからない一巻目が書き起こされた時期は、茂義が家督を相続し、また、一方で本藩の役方を退いた天保三年（一八三二）から翌年頃ではないかと推測される。この時期は、家臣平山醇左衛門を長崎の砲術家高島秋帆に入門させ、まずは西洋砲術の研究を中心に、武雄が洋学の導入を積極的に推進し始めた時でもある。

一方、最後の五巻目は文久二年（一八六二）で途絶えており、この年の記載を見れば、注文は九月二日の項まで、到来品の記載も八月と翌閏八月に一品ずつ見えるのみで、前年までと比して極端に少ない。そして、同年十一月二十七日、鍋

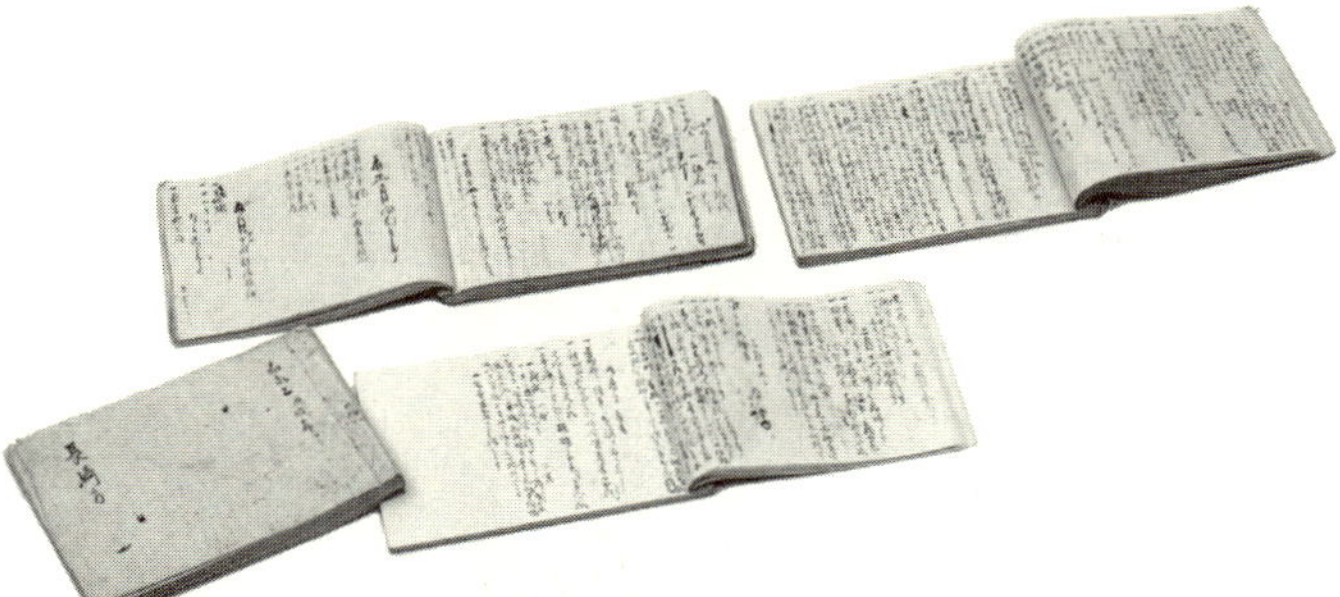

「長崎方控」（武雄鍋島家資料／武雄市蔵）

島茂義はこの世を去るのである。

また、「長崎方控」には物品注文のみならず、砲術・理化学研究・植物栽培等に関する専門的な質問までが記述された。その内容が、多岐にわたり、しかも驚くほどに深い専門的知識を含み込んでいることは一目瞭然で、「長崎方控」を細かに紐解くことで、今まで、江戸後期日本の科学技術史研究の中で不透明であった部分などに解明の手がかりも見えてきそうである。

しかし、解明できない謎も多い。「長崎方」とは何かという根本的な問題である。当然「長崎方」なる役方の存在が推理される。だが、武雄に残された資料、その他にも相応しい役方名は確認できず、これほど多種・多量・多額の「買いもの」を、武雄独自の財源で行っていたとも考え難い。さらにそれら大量の品物をその後どのように処理したのかという疑問も残る。

一方、「長崎方控」が記述された二十五年という長きにわたり、その筆跡がおよそ一致して見えること、砲術・理化学の研究や薬園で栽培された植物等に関する事項には、筆者自らが実験し、あるいは理解してしか記述し得ないと思われる高い専門性と具体性が含まれていること、また一方で「饅頭」や「漬物」類、「焼酒（ブランデー）」「ビッドル（強い酒）」「リキュール銘酒」「ローウェイン（赤葡萄酒）」「コーヒー」「多葉粉（タバコ）」など、個人的嗜好が極めて強いと思われる製品の度重なる注文が見られること等は、「長崎方控」がほぼ特定の

オランダ製の地球儀（右）と天球儀
（武雄鍋島家資料／武雄市蔵）

人物の主導で記述され続けたであろうことを想起させる。「長崎方控」は、あくまでも武雄の領主鍋島茂義の主導で、あるいは、茂義自らによって筆記され続けた可能性が極めて高いと結論付けられる。「長崎方」とは、武雄領主を中枢に置く、茂義自身とその側近たちにより構成される部局であり、物品の注文にあたっては、茂義は本藩藩主直正への指導的立場を維持しながら、ある程度、またはそれ以上に、茂義の自由な計画・方針のもとで、洋学導入のためのさまざまな指令が発せられていたと考えられる。本藩は茂義の立場を容認しながら、資金の融通も行っていた。さらには武雄では、取り入れた多量の物品を他藩へ横流しをしながら利益を得ていたとする見方もできる。

ともあれ、「長崎方控」は、まさに武雄の領主鍋島茂義が活動を始め、そして彼がその使命を終えるまでの、武雄の洋学導入の記録、鍋島茂義の活躍の記録そのものなのである。

加えて、「長崎方控」には実に多くの人物が登場することも興味深い。彼らは、長崎に往き来する武雄の家臣であったり、長崎に居住する通詞・商人・職人・医師、出島のオランダ人などであったり、また佐賀本藩や時には他藩の人々であったりと数知れない。それらの人々を丹念に追いかけるうちに、武雄を中心とした佐賀や長崎の動きが次第に鮮明に浮かび上がる。彼らの動きを通して、この時代の息吹や世情すらも鮮明に蘇ってくるのである。

ローウェイン（赤葡萄酒）瓶
（武雄鍋島家資料／武雄市蔵）

「長崎方控」の一巻の行方が知れないのは、残念という一語では尽くせない。だが、二巻から五巻までが残されたことをむしろ喜びたい。

蘭学者鍋島茂義の輝き

佐賀藩における洋学の受容と展開は、既述のごとく、武雄の領主鍋島茂義により導入され、佐賀本藩藩主鍋島直正によって本格的な展開を見た。江戸後期、「蘭癖」と呼ばれた多くの人々が登場する。しかし、佐賀藩において考える時、長崎警備という決定的要因に触れないわけにはいかない。

江戸後期、日本に押し寄せる外圧の中、長崎警備という過重な負担を強いられた反面、西洋文明の受け入れ口に直接接する機会に恵まれた佐賀藩にとって、洋学の導入は当然の成り行きであった。長崎警備という緊張を強いられる強制ゆえの必然性が佐賀藩の洋学導入の背景にあった。

西洋砲術の研究に始まる佐賀藩の洋学導入の動きの中、「蘭学」は、本来「蘭癖」という資質を持ち合わせた茂義と出会った。いささか大袈裟な言い方だが、「蘭学」との運命の出会いを果たした茂義は、熱に浮かされたようにあらゆる分野の洋学研究に没頭し没入していく。

長崎警備図（個人蔵）

けれども、武雄の領主鍋島茂義を単に「蘭癖」の域内に括ってしまうのは、あまりに短絡であろう。

あらゆる事象に興味を抱き、また実証主義に基づく研究・実験を通して諸事に精通することのできた、知られざる偉大な学究者としての輝きが彼にはある。

生前、彼が家臣に語ったという言葉がある。「人間は一生のうちに多くの仕事を成し遂げた者が長生きしたのである。たとえ、事実において長命なるも、その成し遂げた仕事が少なければ早死にしたのも同様である」

日本初の反射炉完成と大砲鋳造

佐賀藩出身の儒学者古賀侗庵《とうあん》（古賀精里の第三子、穀堂の弟。幕府の昌平黌で教鞭を執る）は「海防臆測《かいぼうおくそく》」で、この時代における国防策を説いた。

すなわち彼は長崎防備について「①西洋式の反射炉を起こし、鉄を溶かして巨大砲を鋳造する ②長崎湾口に点在する伊王島《いおうじま》・神ノ島《かみのしま》にある海面を埋めて堅堡★を新築する ③巨船建造を許し、西洋式の堅艦を製造する ④肥後の天草諸島を軍港地として佐賀藩の所管とする」という考えを持ち、幕府に建白する機会を待っていたという。これが藩主鍋島直正に与えた影響は大きかった。

佐賀藩では、天保三年（一八三二）頃から洋式砲術の研究が進められた。同六

▼堅堡
頑強なとりでのこと。

古賀精里肖像
（佐賀県立博物館蔵）

古賀侗庵肖像
（佐賀県立博物館蔵）

年六月には武雄の鍋島茂義が洋式野戦砲の模型を製作し、茂義の実弟で、佐賀藩の坂部家の養子となった坂部又右衛門（三十郎）を介して直正に献上したことが『鍋島直正公伝』に記されており、また天保八年には、洋式武器購入を長崎奉行に申し込んでいる。

さらに、武雄の鍋島茂義が神埼郡の岩田で、直正に西洋砲術の本格的演習を披露した二年後の天保十三年には年寄役の鍋島市佑《いちすけ》にオランダ砲術の稽古を命じ、十五御茶屋（近年の研究で、現在の佐賀市鬼丸付近とされる）に蘭伝石火矢《いしびや》製造所を設置した。翌十四年には、モルチール砲・三ポンド野戦砲・ホーウィスル砲など各種の西洋式大砲が佐賀本藩で初めて製造された。また、弘化元年（一八四四）十月には、西洋砲術研究のため、十五御茶屋に「火術方《かじゅつかた》」を設置、野戦砲二〇〇匁（一匁＝三・七五グラム、二〇〇匁は弾の重さ七五〇グラム）、二〇〇門の洋式大砲の製造に着手した。「火術方」はこの後、嘉永二年（一八四九）には西堀端《にしほりばた》（佐賀城の堀の西側）に、さらに嘉永四年には中折《なかおれ》に移転した。

既述のごとく、佐賀藩家老で武雄領主の鍋島茂義は、天保三年、家臣平山醇左衛門を長崎の高島秋帆のもとに入門させ、さらには茂義自身も秋帆から直伝を受けた。家臣たちに砲術調練をほどこし、武雄領内で本格的な砲術訓練を実施、また城下で大砲を鋳造させたと見られている。

そのため、佐賀本藩でも武雄領の砲術に注目、茂義を砲術師範に任じ、坂部又

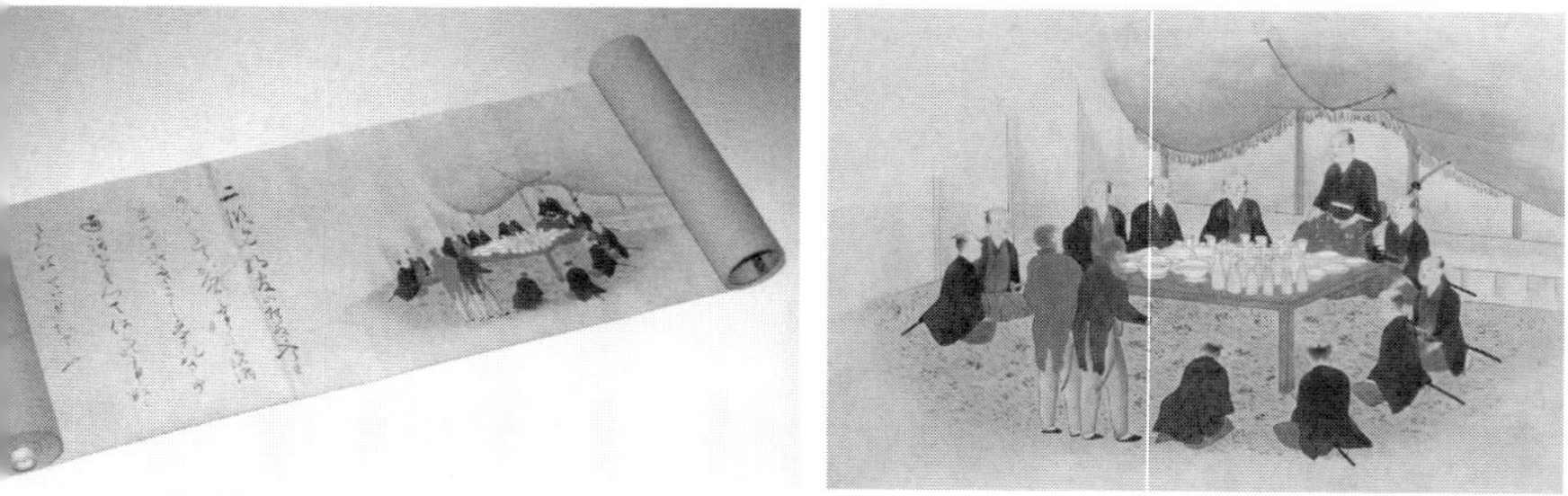

阿蘭陀使節船巡見図（鍋島直正蘭船乗り込みの図）
（長崎歴史文化博物館蔵）

右衛門（三十郎）を通じて高島流砲術を佐賀本藩へ導入、天保十四年の大砲鋳造は、武雄の技術協力のもとで成功を見るのである。

天保十五年七月、オランダ国王ウィレム二世の親書を携えたパレンバン号の艦長コープスの使節が長崎に来航した。直正は幕府に対して、長崎警備を担当する佐賀藩主が西洋の軍艦を視察することの必要性を強く訴え許可を得て、九月二十一日、初めてこのオランダ軍艦パレンバン号に乗り込み艦内を詳細に見学した。この折には、当時世界最強とされるフランス陸軍砲兵中佐ペキサンスが開発したボンベカノンも見学、これに刺激を受け、十月には、嘉瀬新村で海上砲術の演習を実施、藩内各地で砲術実射の訓練を行った。弘化三年には、十五番茶屋訓練所が「石火矢方《いしびやかた》」となり、水ケ江御茶屋が火術訓練・研究所となった。

鍋島直正の発想と実行力

長崎警備を担当する佐賀藩にとって、大砲鋳造と砲台の構築は、大きな課題であり急務で、その計画は天保十一年（一八四〇）頃から本格化した。

弘化四年（一八四七）、鍋島直正は老中阿部正弘に意見書を提出、「長崎警備について、大砲鋳造の要と砲台設置の具体策」を説いた。しかし、幕府の財政難の理由等から同意を得られず、結局佐賀藩独自で長崎警備の体制を維持するととも

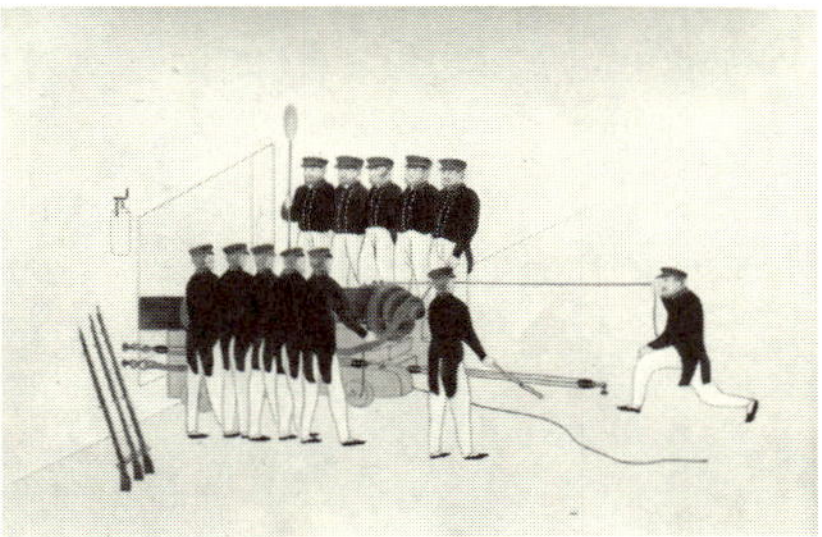

阿蘭陀使節船巡見図（鍋島直正蘭船乗り込みの図）
（長崎歴史文化博物館蔵）

に、大砲製造へ踏み出すこととなったのである。嘉永年間（一八四八〜五四）の佐賀藩軍制改革の始まりである。

佐賀藩では、長崎湾外（外目《そとめ》）の台場に大量の鉄製大砲の設置を計画、このため鉄の溶解を可能にする高温溶鉱炉の築造が必要となり、佐賀城下築地《ちいぢ（ついぢ）》（現在の佐賀市長瀬町、佐賀市立日新小学校）に反射炉を築造し、鉄製大砲の鋳造を開始した。反射炉とは、効率良く大量の金属を製錬するために築造された冶金炉《やきんろ》★のことだが、従来の青銅砲に代えて鉄製大砲の鋳造が必要となる背景には、量産化の必要による生産コストの問題があったと考えられる。青銅砲に比べ、鉄製大砲は生産に関わるコストを断然低く抑えることができたのである。

佐賀藩では、大砲鋳造のため、オランダの解説書を杉谷雍介《すぎたにようすけ》が翻訳し、嘉永三年（一八五〇）に着手、年内に城下築地に鉄製大砲の鋳造のための反射炉四基が完成、砲身をくりぬく錐鑽台《すいさんだい》とその動力としての水車などを製作した。翌年、日本初の二四ポンド砲、さらにその翌五年には三六ポンド砲の鋳造に成功、試射実験にも成功したのである。

一方、天保十五年、直正はオランダから大モルチール砲（臼砲）を買い入れ伊《い》王島《おうじま》に設置。さらに嘉永三年末からは、伊王島・神《かみ》ノ島《しま》に佐賀藩独自で台場を築き、鉄製大砲を配備する計画を立て、翌年からは長崎神ノ島と四郎島の間一五〇間（約二七〇メートル）の塡海《てんかい》（埋め立てて繋げる）工事に着手した。工事は、

▼冶金炉
鉱石から金属を取り出したり、金属を精製・加工したりする炉。

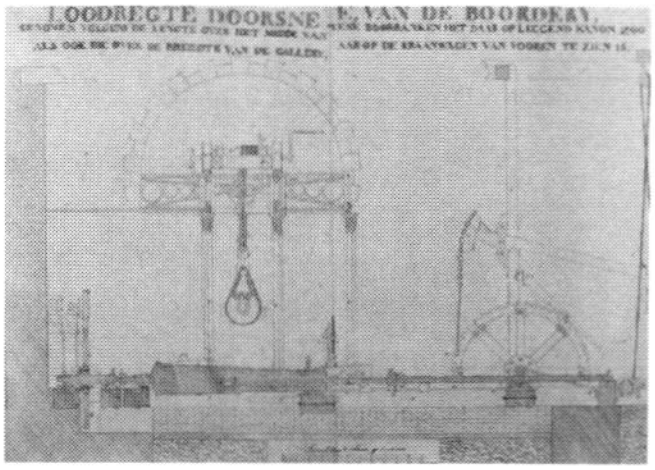

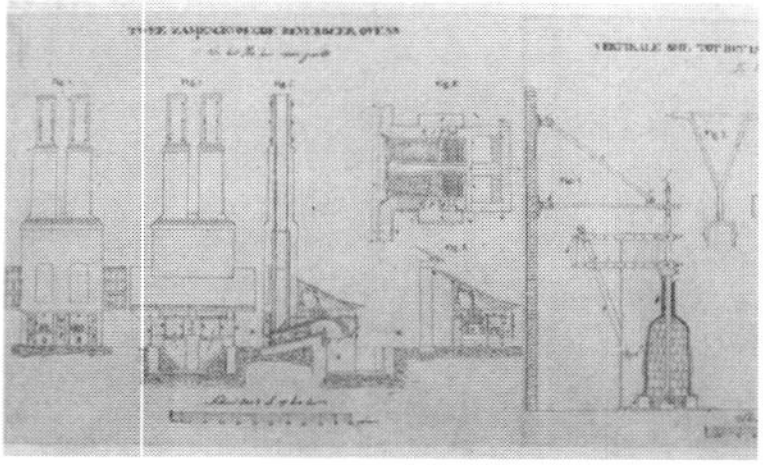
反射炉、大砲鋳型及び製作工程（部分）
（武雄鍋島家資料／武雄市蔵）

人夫二一万六〇〇〇人・石工一八万五〇〇〇人、総工費二万七六五〇両という大工事になったが、同六年、両台場が完成すると、順次、大砲を配備して警備に万全を図った。

大砲鋳造とこの大砲を据えつける長崎台場の築造は、いずれも長崎警備に当たる佐賀藩、そして直正にとって後へは引けない二大プロジェクトであった。

嘉永六年夏、長崎に来航したロシア使節プチャーチンの秘書官で作家のゴンチャロフの『日本渡航記』（高野明・島田陽共訳／雄松堂出版）には「そよ風が吹いて幕がめくれると大砲が姿を現した。ある場所には砲架の壊れたのが三門、また他の所には、砲架が全然ない大砲が一門――あな、恐ろしや！　わが砲手たちは、あの砲台《バッテラ》（Batareja）には木製の大砲もあると看破していた」と、ひやかし半分の記述があるが、しかし、その後現れた神ノ島の砲台については「その左側には、丘を切り取った上に砲台が築いてある。わが砲手たちの意見によれば、本格的な代物《しろもの》らしい」とも記し、佐賀藩鋳造の大砲について多大の興味と評価を示している。

同じ嘉永六年、ロシア使節プチャーチンに先駆けて、関東の浦賀にはアメリカ使節ペリーが来航し日本の開国を要求した。時代が風雲急を告げる中、その対処にあぐねた幕府は品川の台場（砲台）に配備するため、二〇〇門という大量の大砲を、佐賀藩に依頼したのである。

神ノ島・四郎島填海工事図
（鍋島報效会蔵）

モルチール砲
（佐賀県立佐賀城本丸歴史館蔵）

　このため、佐賀藩は城下岸川町（現在の多布施三丁目）の多布施川沿いに「公《こう》儀《ぎ》石《いし》火矢《びや》鋳《い》立方《たてかた》」を設立、新たな反射炉（はじめの反射炉から直線距離で五〇〇〜六〇〇メートルのところ）を築造した。当時、日本で鉄製大砲を製造できたのは佐賀藩だけであり、鋳造のための反射炉は日本最大級の工場であった。

　プチャーチンの応接役として幕府から派遣された川路《かわじ》聖謨《としあきら》は長崎からの帰路、佐賀の城下を通過する時に、この反射炉を視察した。川路は、この時の紀行である『長崎日記』に、「絹類の着物を身につけている者は一人もなく、鍋島の領内へ入ってすでに三日になるが、赤銅など金属製の火鉢はめったに見られない。九分どおりは焼物である。これは領主が外国船の侵略に備えて大砲を多く鋳造しているからで、民間には銅製品の使用は禁じられているそうだ」（『佐賀市史　第二巻』より）としたうえで、多布施の反射炉の印象について「いやはや大規模な設備である。川をせき止めて流れを引き、二寸（約六センチメートル）ほどの厚い板で四十間（約七〇メートル）の長さの水流を引く水路を作り、その末端は滝のようにして水車をまわすようになっている。反射炉は九分通りしかできていないので、佐賀藩用の築地の反射炉を見てほしいということで行って見ると、反射炉で一度に銑鉄一万二千貫を溶解中であった。昨夜の十二時ごろから始め、今朝十一時ごろ溶けたのである。この反射炉では砂鉄は用いず、銑鉄から作り、鋳物であるが、銀のように柔らかになるので大砲をつくることができる。水車の動力で

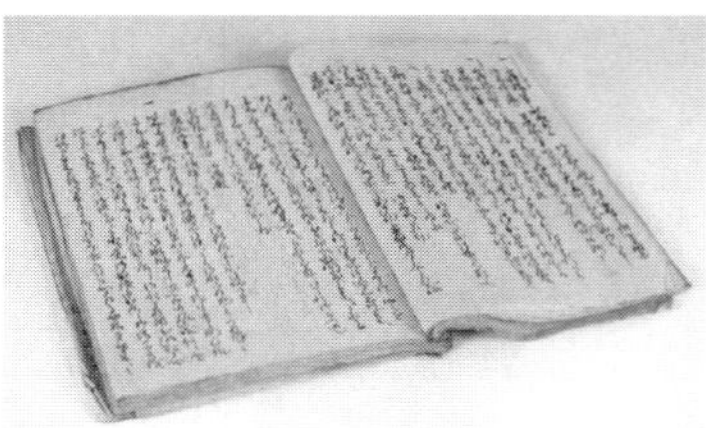

長崎表異国船渡来ニ付而、旦那様都合御心遣被為蒙仰候一通控地（ロシア船来航直後、長崎警備に出向いた茂昌一行の道中記）
（武雄鍋島家資料／武雄市蔵）

ロシア大船之図（プチャーチン来航時の蒸気船）
（武雄市蔵）

大砲に弾道の穴をあけ、あるいは切断し、仕かけによって一万貫もある重いものを、わずか三人の力であげおろしが自由である」（同前）と記している。

幕末期、佐賀藩は、幕府にも、また他藩にも先駆けて反射炉を建設し、大砲を製造していた。ここに描写された光景は、まさに、佐賀藩の大砲製造工場が、日本最大の軍事工場であったことを示すものである。しかし、幕府用と藩用の大砲を二カ所の反射炉を使って製造を進めることは、現在では想像を絶する難事業であったと思われ、最近の調査から、築地の反射炉は当初の役割を終えたとして、取り壊されたとする見方が有力となっているようだ。

佐賀藩は、安政六年（一八五九）までに二四ポンド砲・三六ポンド砲各二五門と献上用の一五〇ポンド砲三門の計五三門の大砲を製造、翌年、長崎港より江戸の品川台場に納めた。品川台場には試射を視察する直正の姿も見られた。

幕府は認めなくとも、必要だから佐賀藩がやる。直正は人並み優れた発想と実行力の持ち主であった。

佐賀藩鋳造の大砲

それでは、幕末期にかけて、佐賀藩では一体どれほどの大砲が生産されていたのだろうか。秀島成忠著『佐賀藩銃砲沿革史』によれば、「製砲記」では、嘉

多布施公儀石火矢鋳立方絵図
（鍋島報效会蔵）

永四年（一八五一）から慶応三年（一八六七）まで、青銅砲四七・鉄製砲一九四の計二四一門、また、「造砲数調」によれば、天保十四年（一八四三）から慶応元年（一八六五）まで、青銅砲二〇三・鉄製砲一〇四の計三〇七門が製造されたと記されている。また、『佐賀市史』には安政四年（一八五七）～同六年を最盛期として、嘉永三年から慶応年間（一八六五～六八）までに、幕府注文の五二門を含む二七一門が製造されたとある。いずれの記載も異同があり、実数の確定はできないが、青銅砲も含め、佐賀藩で鋳砲が開始されたと見られる天保年間の半ば以降、二十年の間におよそ三〇〇門程度の大量の大砲が製造されたと見ることができよう。

アームストロング砲は、一八五四年、イギリスのウィリアム・アームストロングが発明した当時最新式の後装《こうそう》施《せ》条砲《じょうほう》（弾を砲身の後ろから装塡《そうてん》し、砲身の内側には弾を回転させてより遠くに飛ばすための渦巻状の溝を施した砲）で、佐賀藩では文久二年（一八六二）から同等の砲の製作に着手し、元治元年（一八六四）に四〇ポンド砲、翌年以降に九ポンド砲と六ポンド砲を製造したという。

戊辰戦争の際、慶応四年五月十五日の江戸上野の彰義隊への攻撃では、上野の山に立て籠もる彰義隊を瞬く間に鎮圧したとも伝えられ、その後も、六月二十五日の会津攻撃、九月十四日の若松城攻撃、また、武雄の部隊が中心に戦った久保田（秋田）での羽州戦争にも出動した。この「佐賀の大砲」は歴史を大きく変える力を持つほどの破壊力を有していたといわれる。

前述のごとく、旧来佐賀藩では、このアームストロング砲同様の後装施条砲も製造に成功したとされてきたが、近年は、外国からの購入によると考えられるようになり、実際に武雄に残る古記録などからも購入を裏付ける記載が確認される。しかし、あくまでも推量に過ぎないが、当時の佐賀藩における近代化の流れと大砲鋳造の技術力を併せ考える時、アームストロング砲と類似の後装施条砲の試作段階までは少なくとも到達していた、あるいは佐賀藩内でもその製造が試みられていたと考えてよいのではないだろうか。

ところで、大量の大砲鋳造を行ったわりには、現存する佐賀藩の大砲は、武雄に残る青銅砲を除いては皆無といってよい。

『佐賀藩銃砲沿革史』によれば、昭和初年に佐賀藩鋳造の大砲で現存していたものは、東京九段坂の大村銅像の周囲に八門（三六ポンド砲一門・二四ポンド砲七門）、佐賀徴古館前に二門（二四ポンド砲一門・六ポンドアームストロング後装施条砲一門）、東京渋谷の鍋島侯爵邸祠《ほこら》脇に二門（二四ポンド砲一門・六ポンドアームストロング後装施条砲一門）であった。しかし、その後、これら大砲は行方不明となり、その実物を見ることは不可能となった。おそらく、その大半は太平洋戦争時の金属供出により失われたのではないかと思われる。

昭和五十年（一九七五）十二月、その一つである二四ポンド砲が東京渋谷の戸栗邸に存在することが明らかになった。現在、渋谷の戸栗美術館の庭に置かれて

アームストロング砲（復元）
（武雄市蔵）

いるが、この地はもと鍋島侯爵邸の一角で、鍋島侯爵邸祠脇にあったという大砲と思われる。現在、佐賀県立博物館前と佐嘉神社に置かれている実物大の鉄製二四ポンド砲は、この復元であり、幕末佐賀藩の反射炉で大量に製造された大砲の現存物はこれ一つだけとされてきた。ただし、この大砲も近年の調査で、大砲砲身の刻字などから、幕末に佐賀藩が購入したアメリカ製のものという見解が定着している。

これも佐賀

お国自慢

これぞ佐賀の酒

佐賀自慢の酒を紹介

脊振山系の軟水を使用している酒蔵が多く、濃い口、芳醇な香りが特徴。

枝梅

枝梅酒造㈱
TEL0952-23-2018

御宴

㈲吉武酒造場
TEL0952-45-1625

窓乃梅
特別純米

窓乃梅酒造㈱
TEL0952-68-2001

万里長

合名会社樋渡酒造場
TEL0955-23-2332

宮の松
特別純米酒

合名会社松尾酒造場
TEL0955-46-2411

肥前杜氏
吟醸

大和酒造㈱
TEL0952-62-3535

古伊万里

古伊万里酒造㈲
TEL0955-23-2516

弓取

田中酒造合名会社
TEL0955-25-0003

天吹
特別純米酒

天吹酒造合資会社
TEL0942-89-2001

不老長寿

中島酒造合資会社
TEL0952-86-3079

宗政

宗政酒造㈱
TEL0955-41-0020

東鶴
上撰

東鶴酒造㈱
TEL0952-76-2421

② 最大の海軍力を有した雄藩

超一級の理化学研究機関「精煉方」の設置によって
海外の技術を次々と習得し国産初の工業製品を生み出す。
最先端技術を有す佐賀藩の海軍力はまさしく日本一であった。

ハイテク日本を先駆ける

文化三年（一八〇六）、藩校弘道館教授で、のちに藩主鍋島直正の教育係となった佐賀の儒学者古賀穀堂《こくどう》は「学政管見」で、洋学研究の必要性を述べた。その後、直正が十代目藩主を襲封して以後、藩政の改革に努力を重ねたことは既述したが、嘉永二年（一八四九）には、佐賀藩の軍事力増強を支えるための財政強化として「国産方《こくさんかた》」を設置、正銀五〇〇〇貫を十年間支出して殖産興業に尽くすこととした。さらに嘉永五年には国産方の中に「精煉方《せいれんかた》」を新設。精煉方とは、佐賀藩の理化学研究のための工場で、この間、佐賀藩では嘉永三年に築地《ちいぢ(ついぢ)》に反射炉を設け、同六年には多布施に反射炉を増築するなどして、近代化を推し進めたのである。

精煉方では、佐賀藩士佐野常民が他領より招いた石黒寛次《かんじ》、中村奇輔《きすけ》、田中儀《ぎ》

佐賀藩精煉方絵図
（鍋島報效会蔵）

右衛門《えもん》（久重《ひさしげ》、近江《おうみ》とも称す――日本を代表する発明家。「からくり儀右衛門」の名で有名）父子などの優秀な科学者を集め、常民自らが頭人《とうにん》（長官）となって、蒸気機関をはじめとする本格的な実験・研究を行い、安政三年（一八五六）に雷《らい》管《かん》★、翌四年には電信機（中村奇輔の製作と伝えられるものが旧諫早家の家老の家に残されている）、文久元年（一八六一）には火薬の製造にも成功した。佐賀藩精煉方はまさしく、ハイテク日本の先駆けとなる超一級の研究機関であった。

また、安政七年一月には、幕府の遣米使節団に小出《こいで》千之助、福谷啓吉を砲術研究視察のため参加させ、海外技術の習得にも努めた。

精煉方は、明治以降も「精煉社」の名でガラス器具製造などを行い、これが今日の佐賀硝子の系譜となっている。

嘉永六年（一八五三）、アメリカ合衆国のペリーが浦賀に来航したのと同じ年、ロシア使節プチャーチンが長崎に来航し通商を求めた。この時、精煉方の一員である中村奇輔らは、旗艦パルラダ号を視察、士官室を走る蒸気機関車の雛形（模型）を見て驚嘆の声を上げた。中村は、石黒寛次・田中久重らと相談して、藩主直正から雛形製造の許しを得て製作を開始、安政二年に完成した。幕末の蒸気機関車の模型では、ペリーが将軍献上用にもたらした四分の一の機関車模型（明治初めに行方不明）や長州（山口県）萩藩が外国から購入したという「興丸《おきまる》」や「ナポレオン号」、加賀藩の蒸気機関車の雛形（近年、製作はさらに新しいとみら

▼雷管
爆薬の起爆に用いる発火具のこと。

蒸気車雛型
（鍋島報效会蔵）

れている）が有名だが、国産の雛形としては日本最初のものである。さらに精煉方では外輪型の蒸気船・スクリュー型の蒸気船の雛形をも製作した。この三点の雛形は現在も鍋島報效会に所蔵され、当時の佐賀藩の技術水準の高さを示す貴重な資料として注目を集めている。特に、蒸気船外輪型の雛形は、慶応元年（一八六五）に佐賀藩が完成させた国産初の蒸気船「凌風丸《りょうふうまる》」の原型となった。

長崎海軍伝習所《でんしゅうじょ》

江戸幕府は、安政二年（一八五五）、オランダ商館長ヤン・ヘンドリク・ドンケル・クルチウスに海軍近代化のための助言を求めた。これに対し、クルチウスは、蒸気船による遠洋航海術のための機械工学の知識などの要を説き、オランダからの知識習得を勧めた。このため、幕府は、長崎「西の奉行所」（長崎県庁跡地、出島の北側）に「海軍伝習所」を置き、伝習を開始することとした。そして、オランダ国王から将軍に贈られた汽帆船★スンビン号（日本名「観光丸」、全長五三メートル・七二〇トンの木製外輪蒸気船）を操り、オランダ人教育隊長ペルス・ライケンのもとで実地訓練を開始することになったのである。

この海軍伝習には、幕府をはじめ、諸藩から多くの伝習生が参加、佐賀藩からも四八名という多くの伝習生が派遣された。この時の総勢が一三〇名、幕府から

佐賀藩精煉方製作蒸気船雛形（外輪船）
（鍋島報效会蔵）

▼汽帆船
蒸気機関を備えた帆船のこと。

が四〇名であったので、佐賀藩は最大の伝習生を送り込んだことになる。伝習の参加者には、精煉方の佐野栄寿左衛門《えいじゅざえもん》（常民）・石黒寛次やのちの海軍中将中牟田倉之助、通信機関の創始者となった石丸虎五郎（安世《やすよ》）らの顔がならび、また、伝習内容は、オランダ語の習得と数学をはじめ、海軍における軍事技術、造船・汽罐★・化学・医学・測量等に及んでいた。

　オランダ人歴史家シャイスの『日本開国のためのオランダの努力』やペルス・ライケンのあとを受けて来日したオランダ海軍士官カッテンディーケの『長崎海軍伝習所の日々』には、これら佐賀藩からの伝習生はいずれも非常に優秀で、しばしば幕府や他藩からの伝習生を刺激して発奮させたと記されている。

　伝習は、安政二年十一月に始まり、安政五年まで、およそ三カ年余続けられた。だが、翌六年正月には、海軍伝習所の任務は終了したとして、幕府の命令で突然閉鎖となった。カッテンディーケによれば、しかし幕府の伝習生が引き揚げた後も、佐賀藩の生徒を相手に伝習は続けられたという。

佐賀藩海軍創設と三重津海軍所

　鍋島直正は、前述のごとく天保十五年（一八四四）、長崎に入港したオランダ軍艦パレンバン号に乗り組み、艦内をつぶさに見学した。安政元年（一八五四）に

▼汽罐　ボイラー。

長崎海軍伝習所絵図（鍋島報效会蔵）

は、スンビン号（観光丸）やヘデー号にも乗り込んだ。また、幕府がオランダの援助を得て設立した長崎飽浦《あくのうら》の造船工場（現在の長崎市飽の浦町、三菱重工長崎造船所）の見学なども行っている。

さらに、嘉永六年（一八五三）八月に幕府の大型船製造の禁止が解かれたのをうけて、長崎警備との関連から、オランダから軍艦を購入することとし、幕府の許可を得てオランダに百馬力蒸気船一隻と、付属修理機械を発注した。『佐賀藩海軍史』には、安政四年にはオランダから「飛雲丸」が、翌年には、新造百馬力蒸気船の本格砲艦「電流丸」も到着したことが記されている（ただし、費用が当初予算の四倍であったため幕府に立て替えてもらい、十カ年賦で償還することになったという）。

また、安政四年には、「海軍取調方」も設置され、長崎における海軍伝習、蒸気船の運用、修理などを管轄することとなった。費用については、佐賀藩の懸硯方《かけすずりかた》（佐賀藩の財政制度で特別会計に属するもの。軍事費や緊急に必要な資金を蓄えておくために設けられていた秘密の財源）から支出された。

以上のごとく、佐賀藩は、かなり早い時期から、藩主直正を中心に、西洋式の海軍創設には深い関心を持っており、それが長崎海軍伝習所への伝習生四八名の派遣として現れたと考えられる。

佐賀藩では、弘化三年（一八四六）、直正が幕府に対して海軍創設の伺いを出し、安政三年（一八五六）には、オランダ士官に意見を聞くなどの動きがあった。翌年には、海軍伝習所へ伝習生の一人として参加した佐野常民《つねたみ》が直正に「佐賀藩海軍創設建白書」を提出、同五年には、佐野の郷里でもある三重津《みえつ》（現佐賀市川副町・諸富町）に「船手稽古所《ふねてけいこじょ》」を仮設、ここで佐賀藩独自の海軍伝習が開始された。安政六年には、長崎海軍伝習所の閉鎖をうけ、佐野を監督とし、また、佐賀藩からの伝習生を教導（教官）にあて、三重津での伝習が続けられた。佐賀藩海軍の創始である。

この年の暮れには、幕府からスンビン号（「観光丸」）が預けられ（文久三年（一八六三）幕府に返還）、佐野が船将となって、本格的な伝習が開始された。

また、元治元年（一八六四）には、イギリス製蒸気船「甲子丸《かっしまる》」を、慶応二年（一八六六）には蒸気鉄船「皐月《さつき》丸」、同四年にはイギリスから「孟春《もうしゅん》丸」、香港製の木造蒸気船「延年《えんねん》丸」、さらには明治三年（一八七〇）に佐賀藩最大の軍艦「日進《にっしん》丸」（全長六一メートル・乗組員二五八人）を購入するなど（その他「晨風《しんぷう》丸」「朝陽《ちょうよう》丸」「電信丸」など）、佐賀藩海軍は次第に戦力を充実させていった。

こうして、千歳《ちとせ》川（現在、筑後川支流早津江川）河口の三重津には日本初の本格的海軍が創始、オランダの軍艦観光丸（スンビン号）を始め、佐賀藩が諸外国より購入した艦船が集結、壮観を呈したのである。

また、その一方で、文久元年からは同地に汽罐製造所を創設し、文久三年には

三重津海軍所之図
（鍋島報效会蔵）

独自で蒸気船の製造を開始、また、幕府注文の蒸気機関も完成。この結果、慶応元年には、ついに蒸気船「凌風丸《りょうふうまる》」の完成を見たのである。

三重津海軍所は、当時日本一を誇る海軍力を保有したと言っても過言ではない。まさに近代日本海軍の発祥の地ともいうべき場所であった。

国産初の蒸気船「凌風丸」

江戸後期、佐賀藩における洋学研究は、長崎警備、広義には海防・国防の視点から大砲鋳造や近代的な軍隊調練など最新の西洋科学技術の導入に始まり、大規模な軍隊とアームストロング砲など大量の兵器の移動を可能ならしめる本格的な海軍力の創設によって最終的に結実したのである。

島津斉彬《なりあきら》が薩摩藩の近代化政策「集成館事業」を推進したことは周知のごとくだが、薩摩藩では佐賀藩からの情報を譲り受け、失敗を繰り返しながら安政三年、ようやく反射炉を完成させる。この佐賀藩からの重要情報提供の背景には、鍋島直正の母と島津斉彬の母がともに鳥取藩主池田治道の娘幸姫《さちひめ》と弥姫《いよひめ》であり、直正と斉彬が従兄弟同士であったという見逃せない所縁によるものがあった。斉彬は、反射炉築造の度重なる失敗と困難に怯《ひる》む家来たちに「西欧人も人なり、佐賀人も人なり、薩摩人も人なり、退屈せず（くじけず）ますます研究すべし」

スンビン号（観光丸）模型
（佐賀県立博物館蔵）

凌風丸絵図
（佐嘉神社蔵）

と叱咤《しった》激励したという。佐賀藩の成功は、薩摩藩にも大きな希望と勇気を与えた。佐賀藩は洋学導入において幕末の雄藩列強の牽引車としての役割をも果たしたのである。

慶応元年（一八六五）に三重津で竣工した「凌風丸」は、日本初の国産蒸気機関をもつ木造外輪船で、精煉方で安政二年（一八五五）に製造された蒸気船雛形が原形であるという。長さ一八メートル、幅三・三メートル、一〇馬力。安政元年、蒸気船製造主任に任じられた武雄の領主鍋島茂義の努力も見逃せまいが、直接、製造にあたったのは精煉方の「からくり儀右衛門」こと田中近江《おうみ》・二代目儀右衛門の父子、福谷啓吉、馬場磯吉らであった。日本の近代産業史上でも大きな出来事であったと評価されるが、この記念すべき「凌風丸」は、明治三年（一八七〇）五月、有明海竹崎鼻《たけざきばな》付近で坐礁したため、外国人に売り払われたという。

箱館戦争と佐賀海軍

戊辰《ぼしん》戦争は、慶応四年★（一八六八）の「戊辰《つちのえたつ》」の年から翌年にかけての、明治新政府軍と旧江戸幕府軍との間に各地で戦われた一連の戦闘の総称である。

佐賀藩は、この戦闘に明治新政府軍として参加、政府軍の海軍先鋒として「孟春丸」が加わり、政府の命令で佐賀藩から「観光丸」が動員された。上野戦争や

▼慶応四年
九月八日、明治と改元。

凌風丸模型
（佐野常民記念館蔵）

東北諸藩との戦いで、佐賀藩所有のアームストロング砲が活躍、新政府軍を勝利に導いたことは言を俟《ま》たないが、この戦争の最後の戦闘が箱館（函館）戦争（＝五稜郭《ごりょうかく》の戦い）である。

慶応四年四月、江戸城開城に際し、旧幕臣榎本武揚《えのもとたけあき》は旧幕府船八隻と旧幕臣約二〇〇〇人を率いて江戸を脱出、十月には五稜郭の要塞を占拠、十二月には蝦夷《えぞ》地《ち》（北海道）を平定した。

これに対し、翌明治二年四月から新政府軍が攻撃を開始、佐賀藩は石井貞之進（忠亮《ただあきら》、のち日本の電話創始者）を艦長として佐賀藩兵が乗り込んだ陽春丸、中牟田倉之助（のち海軍中将）艦長の朝陽丸、そのほか沢野虎六艦長の延年丸も参加した。しかし、五月十一日の箱館総攻撃の海戦に際し、朝陽丸は旧幕府軍の砲撃を受け火薬庫が爆発を起こして沈没、艦長の中牟田は重傷、乗組員五一名が即死するという大惨事を惹き起こした。箱館戦争での政府方死亡者は六五名というので、実に大多数の犠牲者を出したことになるが、佐賀藩の海軍力は、ついに戦闘を終局に導いたのである。

朝陽丸沈没の図
（『佐賀藩海軍史』より）

延年丸の乗組員
（『佐賀藩海軍史』より）

③

海を渡った佐賀人たち

幕末期、海外との接触に対する佐賀藩の動きは出色で
他藩が使節団への同行者や万博への派遣者を逡巡する中
佐賀人は海外の事情通となり近代化の必要性を痛感していく。

幕府遣米使節に同行した佐賀藩士

江戸時代、佐賀藩は、日本で唯一海外に開かれた窓口である長崎の警備という重大な任務を負っていたことは既述のごとくであり、そのため、佐賀藩は他藩に比較して海外の事情には先見的であった。

安政五年（一八五八）、江戸幕府はアメリカ合衆国総領事ハリスと交渉の結果、貿易に関する取り決めである「日米修好通商条約」に調印、その批准書《ひじゅんしょ》（条約を国家元首《げんしゅ》が承認する最終の確認書）の交換のため、幕府から遣米使節団が派遣された。

安政七年一月二十二日（三月に万延と改元）、横浜港でアメリカ軍艦ポーハタン号に乗り込んだのは、外国奉行新見正興《しんみまさおき》を正使（首席全権）とする七七名、こ

の中には六名の佐賀藩士（綾部新五郎《あやべしんごろう》・川崎道民《かわさきどうみん》・小出千之助《こいでせんのすけ》・島内栄之助《しまのうちえいのすけ》・福谷啓吉《ふくたにけいきち》・元島喜八郎）が加わっていた。このうち、医師の川崎道民・宮崎立元、綾部新五郎以外は、長崎海軍伝習所の伝習生の中から選抜された。

また、使節団出航の三日前、一月十九日には、幕府がオランダに発注・建造した軍艦「ヤッパン（日本）号」（「咸臨《かんりん》丸」、全長四七メートル・幅七メートル・木造汽船・砲一二門・一〇〇馬力・六二五トン）が使節を護衛し、あわせて日本の海軍伝習の技術を実地に試す目的で、軍艦奉行木村喜毅《よしたけ》を提督、勝海舟《かつかいしゅう》を艦長として総員九六人の日本人（他にアメリカ海軍の一一人が応援のため乗船）を乗せて出航した。通訳は中浜万次郎（ジョン万次郎）、また、豊前中津藩の福沢諭吉らもいたが、佐賀藩からは秀島藤之助が乗り込んでいた。

つまり、この使節団には、佐賀藩士が合わせて八名同行したわけだが、この数は熊本藩から二人、長州・土佐などからの同行は一人ずつであったのに比して異例の多さで、これは当時の佐賀藩主鍋島直正の優れた対外意識と、幕府の佐賀藩に対する評価の高さを示すものであった。

咸臨丸は、大暴風雨と太平洋の荒波にもまれながらも三十七日間の航海の末、二月二十五日にサンフランシスコに入港した。一方、遣米使節団を乗せたポーハタン号は大暴風雨と船の故障のため、途中サンドウィッチ諸島（ハワイ諸島）に立ち寄り、ハワイ王への謁見なども行った後、三月九日にサンフランシスコに入

福谷啓吉

島内栄之助

小出千之助

川崎道民

（東京大学史料編纂所蔵『遣米使節一行肖像写真帖』より）

港した（その後、咸臨丸は、三月十八日にサンフランシスコを出航、五月五日神奈川に帰港した）。

遣米使節団は、こののち、サンフランシスコから蒸気船でパナマへ、さらに初めて汽車の旅を体験し、地峡を横断。アメリカ軍艦ロアノークに乗り換えキューバ島を経由し北上、閏三月二十四日（太陽暦五月十四日）、首都ワシントンに到着した。ホワイト・ハウスでは十五代大統領ブカナンに謁見、日米修好通商条約の批准書の交換を行った。一行は、続けて、ボルチモア、フィラデルフィア、ニューヨークを巡り、五月十二日、米艦ナイアガラ号でニューヨークを出航。大西洋、喜望峰、インド洋を回り、九月二十七日、神奈川に帰港、八カ月に及ぶ長い旅を終えた。

このアメリカへの航海は、当時の日本人にとって、とりわけ貴重な体験であったため、使節団中の多くの者によって記録が残されている。佐賀藩士らの旅行記は、小出千之助の『洋行日記』、島内栄之助の『航米（米行）日録』などがあり、小出千之助はその報告の中で、「世界の通用語が英語である」こと、また、長崎での英国製武器購入、兵制伝習などの必要性を述べた。その結果、佐賀藩ではそれまでの蘭学（オランダ）研究から英学研究へ急速に転換していく。その拠点となったのが長崎の「致遠館」であった。

致遠館は、慶応三年（一八六七）、佐賀藩が英学研究のために長崎に設立した学

軍艦 咸臨丸　船舶模型
（船の科学館蔵）

校で、当初は「蕃学稽古所《ばんがくけいこしょ》」といった。安政六年（一八五九）に来日したオランダ系アメリカ人宣教師フルベッキを校長に迎え、学監副島種臣《そえじまたねおみ》が、生徒として学ぶ傍ら、漢学を教えた。経営には大隈重信が当たった。ここでは、校長フルベッキの学徳に基づいた教育と、また大隈の指導による学生らの自由討議が行われ、最盛期には一〇〇〇人以上の学生が集まったという。長崎の商人を始め、他藩士も加わり、幕末混乱期に官学では見られない自由な気風があった。「読売新聞」を創設した本野盛亨《もとのもりみち》、ドイツ医学を採用し、東京医科大学（現東京大学医学部）を創設した相良知安《さがらちあん》などの佐賀藩士が学んでいる。

幕府遣欧使節に参加した佐賀藩士

遣米使節団派遣の翌年、文久元年（一八六一）、幕府は在日イギリス公使オールコックの勧めで欧州への使節団の派遣を決定、薩摩・長州などを含む諸藩にも参加者を募集した。同年十二月二十二日、一行は英国軍艦オーディン号に乗船して品川を出航、二十九日、長崎に入港、翌文久二年正月一日に出航した。使節団一行の総勢は三八名、佐賀藩からも精煉方の石黒寛次、火術方の岡鹿之助、さらに遣米使節団にも同行した医師の川崎道民の三名が派遣された。福沢諭吉もまた使節団に同行している。

致遠館に入学した佐賀藩士たち。右から中山信彬、中野健明、大隈重信、堤董真、小出千之助、相良知安、副島種臣、中島永元、副島要作（慶応３年撮影）（『実業の日本』第25巻３号〔大正11年２月〕より）

香港、シンガポール、セイロンを経由し、三カ月の船旅の後、三月五日、南フランスのマルセイユに到着。フランス、イギリス、オランダ、ロシア各国で約一カ月ずつ、さらにプロシアで二週間半、ポルトガルで一週間半の視察を行った。

使節団は、各首都で名所や博物館・教育施設・工場などの視察を頻繁に行った。パリでは植物園・自然博物館・競馬場・陸軍病院・医学校・電信機施設。ロンドンでは動物園・大英博物館・盲唖《もうあ》病院・駅・大学病院・電信会社、一八四三年に完成したテムズトンネル、造幣局・鉱山・ガラス工場・銃器工場・砲兵工場・造船所などを訪ね、特にこの年、ロンドンで開催されていた万国博覧会に彼らは大きな関心を寄せた。オランダでは製鉄所・金銀器械製造工場・ライデン大学・武器製造所・医学校、プロシアの造砲場・製鉄所・刑務所、ロシアのガラス工場・磁器工場・鉱山学校・医学校など、さまざまな分野の施設視察が行われた。

また、オランダ・ロッテルダムの王立石版《せきばん》印刷所では、安政二年（一八五五）に四カ月間の出島滞在経験のあるリンデン伯爵の著書『日本の思い出』が一八六〇年に出版されていたが、その中の彩色刷挿絵《さいしょくずりさしえ》「肥前侯のヘデー号訪問」は、鍋島直正を描いたものであったことから、特に佐賀藩士らの興味を引いたという。

この遣欧使節団で医師川崎道民は、幕府特権大使と近い立場にあり、フランス、イギリス、オランダ、プロシアの宮殿や政府本部での会見の際には幕府特権大使の傍らにあったという。

斉正（直正）公蘭船ヘデー号訪問図
（鍋島報效会蔵）

文久二年八月二十四日、使節団はペテルブルグを出発、ベルリン、パリ経由でポルトガルに立ち寄り、リスボンから日本に向けて出航、十二月十日、彼らが乗船するウーロープ号は横浜に着岸した。

なお、川崎道民はこの二度の海外体験で、報道・新聞・写真などの技術を習得、明治五年（一八七二）には現在の「佐賀新聞」の基を開き、また「写真術の元祖」の名でも知られている。

上海貿易事情視察団

文久二年（一八六二）の幕府遣欧使節団と同時期、幕府は、長崎でイギリス商人リチャードソンから買い上げた貿易帆船「千歳丸《ちとせ》」で、貿易事情視察団を上海に派遣した。この使節団は、勘定吟味役★根立助七郎を始め江戸役人三名、長崎の地役人七名や商人三名、従者・水夫《かこ》などを含め総勢五一名、長州藩士高杉晋作《しんさく》も参加した。

佐賀からは佐賀藩士中牟田倉之助（使節団塩沢彦次郎の従者として）、小城藩士柴田花守《はなもり》の二男納富介次郎《のうとみかいじろう》（勘定吟味役根立助七郎の従者二人のうちの一人として）、佐賀商人の深川長右衛門・山崎卯兵衛の四名が派遣された。

文久二年四月二十九日、千歳丸は長崎を出航、五月六日に上海に入港し、二カ

▼勘定吟味役
江戸幕府の職制。勘定所における事務や諸吏の検査・監視にあたる役人。

月ほど上海に滞在した。

当時、中国は太平天国の乱（当時の清国の支配に対抗する反乱）の最中で、中牟田は、五月八日には軍隊が市内から三里（一二キロメートル）のところまで侵入したことを聞き、十五〜六日には大砲の音も遠くに聞いたという。こうした不安定な状況の中、現地の市民が西洋人に支配される様子は日本人に強烈な印象を与えた。七月六日、千歳丸に上海を出航、七月十五日に長崎に帰港した。

帰国後の四人について——。中牟田は、その航海術に関する知識などで佐賀藩の海軍の指導的役割を発揮し、戊辰戦争では重傷を負ったものの英雄的な活躍を果たし、その後は日本帝国海軍に大いに貢献した。

当時十九歳で、長崎で南宋画を学んでいた納富は、使節団に同行したことが、人生の大きな転機となった。のちに有田焼と深い関係を持つことになり、佐野常民とともに明治六年（一八七三）のウィーン万国博覧会に赴き、日本に西洋の陶器技術を導入するなど偉大な業績を残した。

また、深川については、慶応三年（一八六七）、パリ万国博覧会への佐賀藩派遣団の一員となり、その後は日本に洋服の縫製《ほうせい》術《じゅつ》等を初めてもたらしたと伝えられる。山崎については、その後の消息は不詳である。

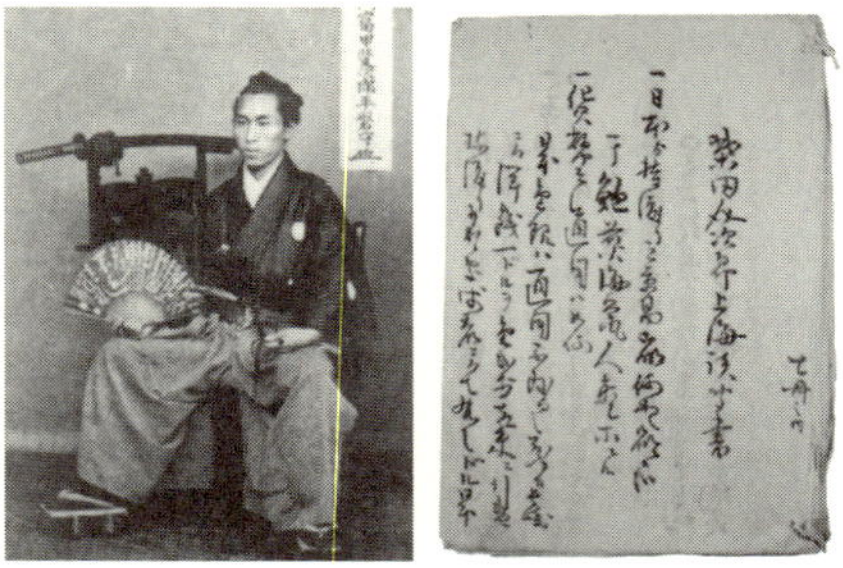

柴田（納富）介次郎と「上海談聞書」
（佐賀大学附属図書館蔵〔小城鍋島文庫〕）

佐賀藩士唯一の密航者はグラバーの斡旋

慶応元年（一八六五）十月十七日、グラバー商会所有の貿易帆船チャンティクリーア号にひそかに乗り込んだ佐賀藩士石丸虎五郎（のち石丸安世）と馬渡八郎の両名は、安芸《あき》（現在の広島県）藩士野村文夫とともに長崎港を出航、イギリスに渡り、佐賀藩唯一の密航者となった。ロンドンで船を乗り換えた彼らは、トーマス・B・グラバーの出身地である東北スコットランドのアバディーン市に到着、留学生活に入った（佐賀藩からの初めての留学生は伊東玄朴の養子となった医師伊東玄伯の文久二年（一八六二）六月の幕府からのオランダ留学であるという）。

グラバーは、武器・軍艦貿易を促進させ、西南雄藩の武器調達に関わった商人だが、薩摩藩と佐賀藩との関係が特に深かった。明治元年（一八六八）、佐賀藩と高島炭鉱★の共同経営に乗り出し、最新機械の輸入を仲介した人物でもある。

グラバーと佐賀藩士との出会いは、文久二年二～三月頃にさかのぼる。この時期、英学伝習のため、長崎を訪れていた佐賀藩士らが交際を始めたのが初めで、しかし石丸虎五郎はさらに早い時期からグラバーと面識があったとみられている。英学学校致遠館の設立は慶応三年（一八六七）だが、それ以前、佐賀藩士の英学伝習はこの当時すでに開始されていた。

トーマス・グラバー（長崎県立図書館蔵）

▼高島炭鉱
長崎県南西部、長崎半島西岸沖の炭鉱。慶応三年（一八六七）、日本で最初に洋式採炭法を採用した。

佐賀藩の英学伝習生の活動は、グラバーをはじめとする英米人との交流を活発化させ、彼らとの私貿易の促進、武器・兵器の購入、諸藩の内情の入手などの利益を佐賀藩にもたらした。石丸は、彼らの中でも特に英語が堪能で、グラバーらから得た他藩や諸外国の情報を佐賀藩にもたらすとともに、藩の兵器購入に多大な貢献を果たした。

グラバーは、また一方で、向学心に燃える西南雄藩の若き藩士らに協力的で、彼の斡旋《あっせん》で多くの若者がイギリスに密航した。

当時、諸藩からの密航者は、文久三年（一八六三）、横浜のイギリス商人の斡旋による長州藩の伊藤博文《ひろぶみ》・井上馨《かおる》ら五人のイギリス密航、元治元年（一八六四）六月のロシア人の斡旋による安中《あんなか》藩（現在の群馬県）の新島襄《にいじまじょう》のアメリカ密航を始め、翌慶応元年（一八六五）にはグラバーの斡旋により薩摩藩士五代才助《ごだいさいすけ》（友厚）・森有礼《もりありのり》ら一九人がグラバー商会所有の蒸気船で串木野《くしきの》を出航するという大規模な密航も行われた。また、同じ月に、やはり長州藩士三人がグラバー商会所有の船で下関から出航、さらに十月には石丸・馬渡らの密航が行われている。

ところで、アンドリュー・コビング氏の『幕末佐賀藩の対外関係の研究』に従って話を進めれば、佐賀藩士石丸・馬渡らを乗せたチャンティクリーア号は、喜望峰回りで慶応二年三月二十七日（太陽暦）にロンドンに入港した。彼らが長崎を発ったのは慶応元年十月十七日（太陽暦十二月四日）であったので約四カ月の

石丸虎五郎（右）と中牟田倉之助（『佐賀藩海軍史』より）

航海であった。同行した安芸藩の野村文夫の日記『乗槎日録』によると、イギリス到着まで野村はやや体調を崩したものの、石丸・馬渡は健康で、船の中でも数学や英語の勉学に励んでいたという。

ロンドンに二日間滞在の後、三月二十九日朝、アバディーン蒸気船会社の一八六五年建造の最新蒸気船「シティ・オブ・アバディーン号」でロンドンを出航、三月三十日深夜十二時頃、アバディーンの埠頭に着岸、翌三十一日、石丸・馬渡・野村の三名はアバディーンの町に降り立った。彼らはまず、港からすぐのグラバーの兄弟の船舶保険の事務所に行き、洋服に着替え、「フレセル」（フレイザー）という彼らの世話役の斡旋で、「アンセル町の第八十五番家ボルネット」に投宿、ここで丁髷《ちょんまげ》を落とし西洋風の髪型にし、さらに公衆浴場へ行き、実に百余日ぶりの入浴を楽しんだ。彼らは、フレセル（フレイザー）の指導により、諸講義を受け、市内各施設の見学などを行なうなど、この地の人々と親しく交わった。

石丸・馬渡の留学生活は、その後は明らかではないが、翌年の秋には、パリ万国博覧会に参加した佐賀藩の佐野常民らと行動を共にすることとなる。

彼らが日本に帰国したのは、慶応四年、パリ万国博覧会へ参加した佐賀藩メンバーが帰国した翌月のことという。

帰国後、石丸虎五郎（安世）は、佐賀藩の軍事改革や殖産興業に尽力し、その後、政府に出仕、英国文化の普及に努め、初代電信頭《とう》として有田の陶磁製碍子《がいし》★の

▼碍子
電線を絶縁し、支持するため、鉄塔や電柱などに取り付ける器具のこと。

研究と製造、また、日本の電信の重要幹線である東京―長崎線や東京―青森線の工事を自ら監督。のち造幣局長、元老院議官などとして活躍した。

馬渡八郎（俊邁）は、明治二年（一八六九）に政府に出仕、外務少丞、大蔵権大丞兼造幣頭、出納頭などを歴任したが、明治八年に死去した。

パリ万国博覧会と佐賀藩

世界各国の主要な産物を一堂に収集・陳列して、優劣を比較・判断させるため開設される国際的な勧業博覧会を「万国博覧会」という。

十八世紀からヨーロッパでは各国別の博覧会が開かれ、十九世紀初め、ナポレオン一世は国内産業育成の目的でこれを盛んに行った。しかし、国際的な産業製品の出品という形式の万国博覧会は、ヨーロッパでの産業革命が一定限度発達した十九世紀中期以後からになるという。

通説に従えば、その最初は一八五一年にロンドンのハイド・パークで開催された万国博覧会とされ、入場者六〇四万人という大規模なもので、その会場は「水《すい》晶宮《しょうきゅう》★（クリスタル・パレス）」の名で知られている。

また、四年後の一八五五年にはパリのシャンゼリーゼで開催、三四カ国が参加し、入場者五一六万人という数字を残した。さらに一八六二年には、ロンドンで

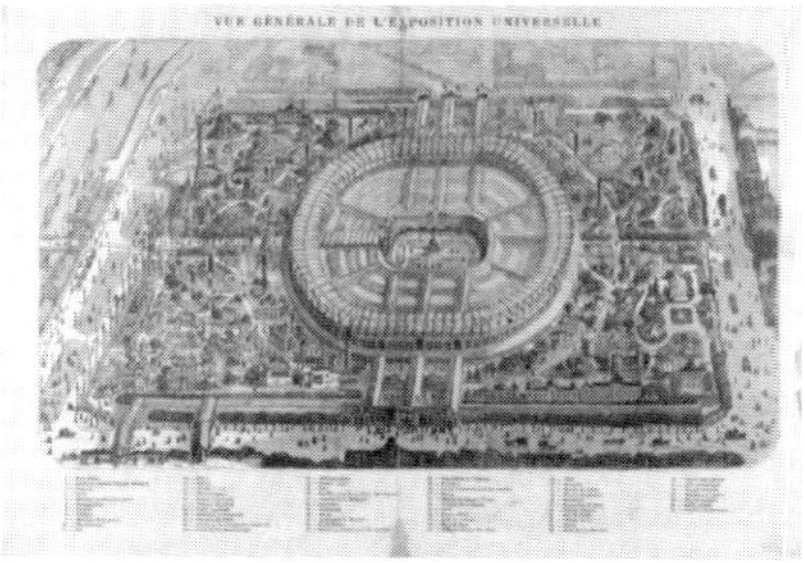

パリ万国博覧会絵入りガイド
（佐賀城本丸歴史館蔵）

▼水晶宮
ロンドン郊外に建てられた鉄骨ガラス張りの建物。ロンドン万博のシンボルとなった。世界最初の鉄骨建築。

開かれ、前述の江戸幕府の文久遣欧使節団もこれを見学した。

一八六七年、フランスのナポレオン三世が、国威発揚のために開催した第二回のパリ万国博覧会は、日本が参加した最初の万国博覧会である。

すでに、慶応元年（一八六五）の秋、フランス政府は江戸幕府にパリ万国博覧会への参加を要請したが、幕府は消極的であった。これに対し、ヨーロッパ視察中の薩摩藩士五代才助らは、薩摩藩の単独参加という計画を推し進め、そのことは、日本からの代表が薩摩藩のみとなることを快《こころよ》しとしない幕府を刺激し、幕府の参加を決定させることとなった。

翌年春、幕府は各藩にパリ万国博覧会への参加を通知するとともに、各藩からも物産などの参加を募集。これに対して、佐賀藩だけが代表者をパリに派遣することを決定したのである。

万国博覧会への派遣

慶応二年（一八六六）、江戸幕府からのパリ万国博覧会への参加募集に対して、「公（鍋島直正）は之《これ》を聞くや、直《ただち》に参加するに決し、領内の磁器、白蠟、紙、麻其他の物産を蒐集《しゅうしゅう》する」（『鍋島直正公伝』）こととし、十一月には、佐賀藩の出品計画を正式に幕府に示した。

パリ万国博覧会の日本展示会場。右は正面入口
（『ル・モンド・イリュストレ』より／横浜開港資料館蔵）

パリ万国博覧会への参加募集に対して、佐賀藩だけが代表者をパリに派遣することを決定した理由について、他藩は鎖国以来の海外との接触不足により海外出展に不安が大きかったことが想起されよう。これに対し、佐賀藩では、長崎警備などとの関係から、また、この時期には大砲や艦船・兵器の製造・購入などを通じ、外国との密接な関係と十分な知識を形成していたこと、さらに、前述のごとく、幕府の遣米・遣欧使節団への佐賀藩士の参加により海外経験が豊富であったことなどが派遣を決意させた理由に挙げられる。

この結果、佐賀藩からは佐野栄寿左衛門（常民）・野中元右衛門（古水《こすい》）・藤山文一・深川長右衛門・小出千之助の五人が派遣されることとなった。

佐賀藩派遣のパリ万国博覧会使節一行

●佐野栄寿左衛門（常民）――事務官長。当時佐賀藩の軍事改革の指導的な役割を担い、パリ万博を機会にオランダ軍艦建造の注文とヨーロッパ諸国視察・兵制視察を目的とした。

●野中元右衛門（古水）――佐賀の豪商野中烏犀園《うさいえん》本舗の主人。貿易担当として、博覧会の販売主任に選ばれる。

●藤山文一――精煉方の所属。佐野栄寿左衛門の従者として同行。

●深川長右衛門――健康上心配のあった野中元右衛門の従者。商人。文久二年（一八六二）、幕府の上海貿易事情調査同行による海外経験をもつ。

パリ万国博覧会佐賀藩派遣団一行。佐野常民（中央）、小出千之助（前列左）、藩御用商人・野中元右衛門（前列右）、深川長右衛門（後右）、藤山文一（同左）
（『佐野常民』佐賀県立博物館より）

●小出千之助——通訳。海外経験（万延元年〔一八六〇〕／万延元年の幕府遣米使節団に同行）と語学能力に優れていた。

当初、佐賀藩では、蘭学寮生の多くが渡欧を希望していたと考えられ、また、大隈八太郎《はちたろう》（重信）や鍋島直正の近侍であった久米丈一郎《じょういちろう》（邦武《くにたけ》）の名も候補に挙がっていた。しかし、長崎駐在フランス領事ゴルドが、フランスまでの船便の都合や雑費、現地での工場等施設見学に際して対応し得るであろう人数の制約について意見を述べたことなどにより、右の五人が派遣されることとなった。

彼ら五人は、慶応三年（一八六七）三月八日（太陽暦四月十二日）夜十一時頃、アデリアン英国商会の郵便船フィーロン号に乗り込み、翌九日午前二時頃、長崎を出航。途中、香港に十日間滞在、ここで造幣局を始めとする市中見物を行い、また、初めてピアノ（野中の日記には「ビヤナ」とある）の演奏にも接した。

その後、サイゴン、シンガポールを経て、四月二十八日にスエズに到着。ここで汽車に乗り換え、カイロ経由で翌日アレキサンドリアに到着。再び、蒸気船に乗り換えて、五月五日午後三時にマルセイユに到着した。

五月七日夜、佐野だけが一足先にパリ行きの汽車に乗り、他の四人はほぼ一週間マルセイユに滞在、五人が再びパリで顔を合わせたのは五月十二日のことであった。

佐賀藩が参加した第二回パリ万国博覧会は、慶応三年（一八六七）の四月一日から十一月三日（太陽暦）まで開催された。派遣団一行が、長崎を出港する以前から始まっていたことになる。

この博覧会では、薩摩があたかも独立した国のようにして出展したことから幕府が反発して争いが起こったことは著名な話であるが、その結果、幕府代表団は「大日本国大君政府」、薩摩藩は「薩摩大守政府」、佐賀藩は「肥前大守政府」を標榜することとなった。

使節一行がマルセイユ滞在中の五月八日、野中元右衛門は日記（『佛国行路記』）に「今朝より深川や（病）めり」と記した。深川が病気に倒れたのである。しかし、実はこれが野中の日記の最後の記述となった。

深川はすぐに回復したものの、佐野をのぞく四人が汽車でパリに到着した五月十二日（太陽暦六月十六日）、今度は野中が急病に見舞われた。パリ到着後、ル・グランド・ホテル・デュ・ルーブルに宿泊し手当てを受けたが、まもなくホテルの一室で永眠した。野中の葬儀は、パリ市内の墓場で営まれたが、その様子を、アメリカ留学のため長崎から同行していた岡山藩士の花房義質は「路に逢ふもの、貴賤となく皆帽子を脱して礼を加ふ」と日記に記した。

もともと野中は、日本を離れる前から健康上の心配を抱えていたが、「フランスは仏《ほとけ》の国と書くので、そこで死ぬなら本望」と言って旅に出たという。

『鍋島直正公御実歴壱百図』パリ万博の佐賀藩出展風景（個人蔵）

パリ万博からの帰国

野中元右衛門がパリで客死したあと、パリ万博派遣団は四人となった。しかし、すでに慶応元年（一八六五）、長崎在住のイギリス人商人グラバーの手引きでイギリスに密航していた佐賀藩士石丸虎五郎・馬渡八郎が彼らに合流、ともにパリ万国博に参加した。

博覧会期間中の彼らの動向については詳細を欠くが、八月二日から十月二十一日まで佐野と藤山はオランダに赴き、軍艦建造（「日進丸」）の発注や軍事制度の視察を行った。博覧会には深川と小出が残り、石丸と馬渡は佐野・藤山に同行したと思われる。

博覧会では、佐賀藩の出品した商品が、当時ヨーロッパで流行したジャポニズム（日本文化に対するあこがれ）の風潮にも後押しされ、人々の好奇心をかき立てた。

深川長右衛門の記録によれば、野中元右衛門は、佐賀藩から煎海鼠《いりなまこ》・干鮑《ほしあわび》・鱶鰭《ふかひれ》・寒天・昆布・鯣《するめ》・鰹節をはじめ、石炭・人参・巻煙草・棕梠《しゅろ》ほうき・塗《ぬり》箸《ばし》・反物《たんもの》・樟脳《しょうのう》など、さまざまな商品をパリに持ち込んだ。

『鍋島直正公伝』には、好評な品物や珍しい日本物産に戸惑った西洋人の笑い

パリ万博カタログ類（佐野常民記念館蔵）

話や、佐賀藩売り場の様子について記されている。「深川長右衛門は、売店に坐して顧客に応接したり」とあり、ある時、履き物の片方だけを持ち帰る客に対し、追いかけてもう片方を渡すと、赤面した客は日本の履き物の形を知るために片方だけが欲しいと言い訳したり、また、徳利《とっくり》をランプ台として使ったり、大きな昆布を買い求め壁に飾ったなどの例もあったとされる。

　しかし、一八六七年十一月三日の博覧会終了時、小出の記録では、一〇〇箱ほどの品物は売れたが、四〇〇箱余りが売れ残ったとされる。つまり、佐賀藩から出品した品物は五分の一しか売れなかったのである。また、幕府や薩摩藩の品物も多く売れ残り、混乱状態にあったようだ。

　この時、佐野がオランダで購入した革製の手帳が残されている。これには一八六八年一月二十九日から彼らが日本に帰国する六月九日まで、鉛筆書きの小さな文字でびっしりと記録が認められているが、四月四日の項には「両大学ケンブリッチとヲックスホルドよりテームス河の上プロットニーと申処ニ而ハ競舟《せりふね》あり。端舟《はせん》一艘ツヽ學校の教頭等揖《かじ》を取り、英里法凡四里間の由、両校浅黄と紺の印《しるし》なり。當日、龍動（ロンドン）市中各両校江比驫《ひいき》ありて、婦人女子、扨又《さてまた》、馬車等まで此印を付たり……」と、佐野がイギリスに視察に出かけた折に見たケンブリッジ大学とオックスフォード大学のボートレースの様子がもの珍しげに記述されるなど、なかなか興味深い。

佐野常民
（山領春實氏蔵）

彼らパリ万博佐賀藩派遣団一行はその後、四月十九日マルセイユからフランス蒸気客船に乗って出港、六月九日（日本暦慶応四年五月十九日）に長崎に到着。また、イギリスに密航していた石丸・馬渡も彼らに一カ月ほど遅れて帰国した。

佐野常民と博覧会

佐野常民と万国博覧会との関わりはこのパリ万博だけではない。明治政府になって、明治六年（一八七三）には、オーストリアのウィーンで万国博覧会が開催されたが、その前年、当時工部省に出仕していた佐野は、博覧会副総裁（総裁は大隈重信）に任じられてこれに参加することとなった。

佐野は、日本各地の特産品・美術品を出品、同時に、各方面の技術者からなる総勢七一名の派遣団を編成し渡欧、同時に西洋の先進的な知識・技術・思想の習得に努め、その貴重な体験をまとめた報告書は、日本の近代化の指針となった。

ところで、このウィーン万国博覧会に先駆けて、日本では明治四年（一八七一）、文部省博物局に収集してあった各地方の物産を「博覧会」と称して東京の湯島聖堂大成殿（湯島の古物陳列場。明治十五年上野に移転）で一般に公開した。ウィーン万博に出展された名古屋城の金の鯱も展示され、いわばウィーン万博の国内発表会という性格のもので日本で初めての博覧会であった。この博覧会は、佐野

湯島聖堂博覧会
（個人蔵）

常民の関与するところが大で、これが恒久化して、のちには東京国立博物館が誕生した。

　ウィーン万国博覧会の後、明治十年には、東京上野公園で第一回内国勧業博覧会が、同じく佐野の働きかけで開催され（出品点数八万余、入場者四五万人）、日本の殖産興業を目的として、伝統芸術・技術などの掘り起こしが行われるようになった。

　内国勧業博覧会は、その後も明治十四年と明治二十三年にいずれも東京上野で、さらに明治二十八年には京都で開催され、佐野はそのいずれにも大きく関わった。

　佐野常民は、日本の博覧会事業の上でも大きな業績を残し、日本の博覧会・博物館の生みの親ともいうべき人物であった。

ウィーン万博の入場門
（『イラストレイテッド・ロンドンニュース』）
（個人蔵）

これも佐賀

近代日本のパイオニア 佐野常民

幕末・近代の佐賀で、佐賀藩主鍋島直正と並び注目すべきは、佐野常民（一八二二～一九〇二）であろう。明治十年（一八七七）の西南戦争の折、日本人同士が非情に殺し合うという凄惨な状況下で、敵・味方を問わず負傷者の救護にあたる博愛社を創始、後の日本赤十字社の創設に貢献した人物として広く知られている。

佐野は、佐賀藩士下村三郎左衛門充贇の五男として現在の佐賀市川副町に誕生、九歳の時、代々藩医を務める家系で、九代藩主鍋島斉直の御典医であった佐野常《つね》徴《み》孺仙《じゅせん》の養子に入り栄寿《えいじゅ》を名乗った。

弘化三年（一八四六）からは、京都の広瀬元恭、大坂の緒方洪庵の適塾、紀伊の華岡青洲に入門。さらに江戸で三大蘭学塾の一つとして名高い同郷の伊東玄朴《げんぼく》の象《しょう》先堂《せんどう》に学ぶなど、国内有数の蘭学者に師事、幅広い学問を修めた。

佐賀藩では直正の主導で藩政の刷新が図られ、科学技術摂取のため蘭学の導入も積極的に推進された。嘉永三年（一八五〇）、日本初の反射炉が建設され、翌年には鉄製大砲の鋳造に成功、長崎警備のための砲台建設という大事業も同時進行し、藩独自の軍事改革が着実な成果を挙げていた。

嘉永五年、精煉方が設けられると、佐野が頭人（長官）に抜擢された。佐野は、栄寿左衛門と改名、武士身分となり、人生での大きな転機を迎えたのである。

精煉方では、西洋砲術の研究機関である火術方への技術支援と藩内の殖産興業のため、蘭書の翻訳をもとに火薬、蒸汽罐、造船、ガラス、電信機、写真、紡績など、幅広い分野の理化学研究が進められた。佐野は、すでに江戸からの帰国途中、京都で「からくり儀衛門」の名で知られる西洋機械師の田中久重・儀右衛門父子、蘭学者の石黒寛次、化学者の中村奇輔に接触、「世界の知識の吸収には、他藩より優秀な人材を挙用して知恵を開く糸口とすべき」と主張し、彼らの招聘を実現。彼らを核に藩内の技術者が結集され研究・開発のためのプロジェクトチームが編成された。

また、西洋式蒸気軍艦を主力とする強力な海軍創設のため、蒸気機関、造船の研究も本格化した。

安政二年（一八五五）、幕府が長崎に開いた海軍伝習所では、オランダ人教官による海軍士官の養成と西洋の科学知識、技術教育が行われ、佐賀藩も佐野を学頭として多くの伝習生を送り込んだ。

伝習生の総監督を務めた勝海舟は「（佐賀藩の）伝習生の進退、船舶之事、佐野栄壽左衛門頭領となって周旋す。故に列藩に冠し、其熟習最速かなりき」と、佐野の秀逸な管理能力に言及している。

安政五年、佐賀藩は独自で佐野の郷里三重津に海軍所を創設。ここでは伝習生が教官となり知識・技術を実地教育する海軍学寮と調練場が置かれ、また日本で唯一蒸気罐の製造機械を設置、艦船の本格的修理が可能な造船所も完備していた。他藩に先駆け、自藩で、技術教育、蒸気船の運用、造船、整備が一貫して行える近代的海軍施設が整えられた。

さらに慶応元年（一八六五）には一〇馬力の木造蒸気船凌風丸がこの地で竣工。日本人が西洋の技術を用いて製作した国産初の蒸気船の完成であった。凌風丸は、佐賀藩が導入した科学技術の集大成というべきものであったと言える。

佐賀藩の逼迫した財政状況の中で、莫大な経費を伴う事業を、直正は「自分の道楽」と擁護し、蘭学に通じた佐野に主導的役割を与えた。佐野はプロジェクトリーダーとして先進と在来の技術を融合させ技術革新を成し遂げ、その期待にみごとに応えたのである。

慶応三年、パリで開催された万国博覧会には、日本から幕府および佐賀藩と薩摩藩が独立した出陣を行った。

佐賀藩では、欧州の国家制度や産業・軍事の視察、軍艦建造の発注を目的に佐野を派遣団長に命じ、随行には幕府の使節団員として渡米経験のある小出千之助、精煉方技術者の藤山文一らが選定された。

経由地の香港で、佐野は欧米列強に半ば植民地化された中国の状況を目の当たりにし「我が日本の如き支那の覆轍を踏まざる様、早く醒目すべき事感慨に堪えざりし」と日本の将来に強い危機感を抱いている。

フランス到着後、各国の殖産興業と国威発揚の象徴であるパリ万博を体験し、英語やフランス語で記述された動植物学、農産業機械、鉄道施設、行政業務、福祉施設など多岐にわたるカタログ類を収集し欧米の最新情報を佐賀に持ち帰った。

加えて佐野はオランダ、ベルギー、ドイツ、イギリスへの視察を行うなど、積極的に西洋の国家制度や社会に触れ、文明国としての日本のあるべき様を模索した。

明治四年（一八七一）、佐野は工部省へ出仕、灯台頭として、各地の灯台建設を推進した。同六年にはウィーン万国博覧会副総裁として再渡欧。このことが内国勧業博覧会をはじめとする日本の博覧会・博物館行政を推進し国内産業の振興を誘導した。また、元老院議官・大蔵卿・枢密顧問官・農商務大臣などの政府要職を歴任する傍ら日本赤十字社の創設、公衆衛生普及のための大日本私立衛生会や日本美術の保護振興を図る龍池会の設立などにも率先して活動範囲を広げ、西洋と比肩しうる文明国家日本の樹立を目指した。

『日本赤十字社発達史』によれば、佐野は「人一たび之を能くすれば己は之を百たびす、人十たびして之を能くすれば己は之を千たびす、人この道を能くはたせば愚なりといえども必ず明なり、柔なりといえども必ず強し」という『中庸』の一節を好んでいた。

また、その気性を「たとへば此の一事を是非にと思い立たば、寝ても寐（ママ）ても研究され、関係の人々を訪問する。又は召し寄する。断はられても頓着なく、幾度となく遣る所まで遣らるゝので、遂には反対者も屈服して、其の事が成就する」と記している。

明治における新国家建設は、佐野常民のような強い信念と不屈の精神を持つ人々のリーダーシップによって成し遂げられたのである。

第五章　戊辰戦争から明治へ

雄藩と呼ばれた佐賀藩は表舞台から姿を消していく。

①戊辰戦争における活躍

藩主鍋島直正を中心に近代化に突き進み
戊辰戦争でも新政府軍の中核を担った佐賀藩。
しかしその栄光と輝きは直正の死によって後退していく。

戊辰戦争始まる

「打たれよ」

と、この方面の佐賀軍司令である鍋島監物に命じた。（中略）

照準は、数時間前に完了していた。

点火した。

轟発し、尖頭弾が不忍池を越えて飛び、上野山中の吉祥閣に命中し、一瞬で吹っとぶのがありありと見えた。

同時に加賀屋敷の砲も咆哮して三発で中堂を粉砕し、火炎をあげさせた。

二門それぞれ六弾をおくりおわったときに、彰義隊は潰滅し、戦いはうそのような他愛なさで終結した。

佐賀藩兵上野彰義隊砲撃図
（個人蔵）

（中略）閑叟とその洋学藩吏の労苦も、ただこの十二発の砲弾で象徴され、完結した。

司馬遼太郎の小説『アームストロング砲』結末の一文である。

慶応四年（一八六八）五月、上野の山に立て籠もった数千人という彰義隊を、二門のアームストロング砲から放たれた、わずか一二発の砲弾が実際に殲滅《せんめつ》させたとするのはいかにも脚色に過ぎよう。文献によっては、数百発の砲弾が打ち込まれたとするものもあって、真相は明らかではない。

しかし、江戸時代後期、佐賀藩の洋学研究の成果は、まさに、この一文に凝縮されると言っても過言ではないのである。

薩摩・長州両藩を中心とする討幕運動の高まりに対して、慶応三年（一八六七）十月十四日、江戸幕府第十五代将軍徳川慶喜《よしのぶ》は朝廷へ政権の返上を申し出た。翌日、朝廷はこの大政奉還《たいせいほうかん》の上表《じょうひょう》★を受け入れたが、運動の出端《でばな》を折られた討幕派は、十二月九日、クーデターを敢行、摂政・関白・幕府の廃絶ほか、天皇親政の理想を掲げた「王政復古の大号令」を発し、その夜の小御所《こごしょ》★会議《かいぎ》で、徳川慶喜の辞官（将軍職の辞任）・納地（封土の返納）を命じた。

こうした挑発行為は、旧幕府勢力の反発を呼び、翌慶応四年一月三日、慶喜を奉じ上京を目指す旧幕府軍と、薩摩・長州を中心に京都を守護する新政府軍の双

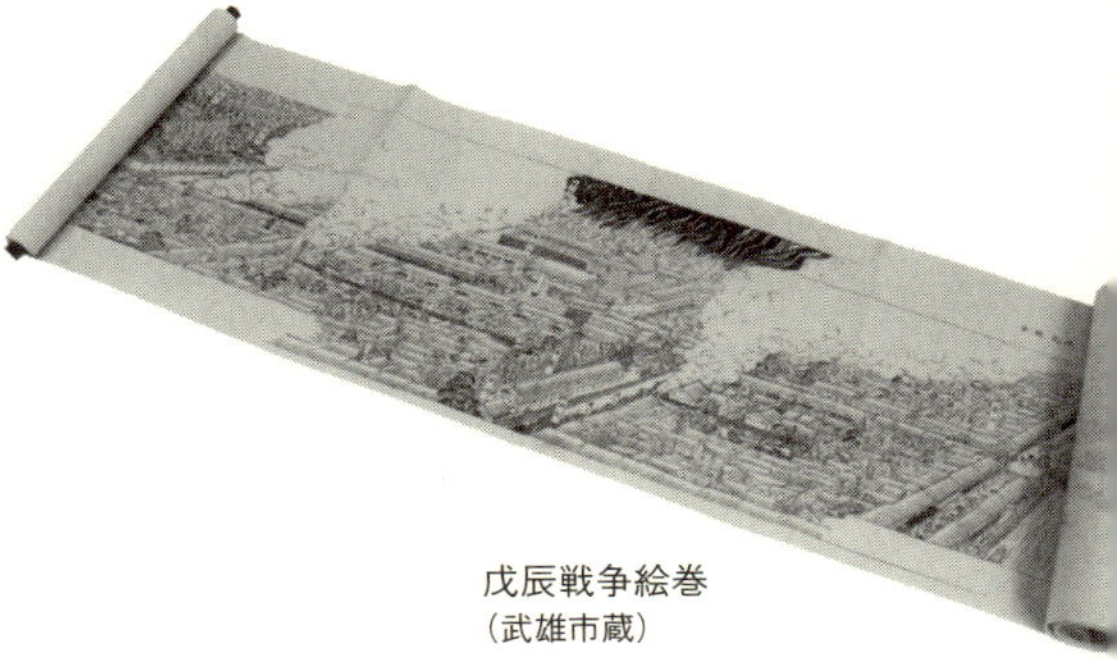
戊辰戦争絵巻
（武雄市蔵）

▼上表
天皇・君主に文書をたてまつること。

▼小御所
内裏の建物の一つ。清涼殿の東北、会所・対面所・儀式の場として使用された。

方が、京都の南、鳥羽・伏見で激突した。戦いは、翌日、旧幕府軍が敗走し決着したが、この後、約一年半にも及ぶ長い戊辰戦争の始まりを告げる戦闘であった。鳥羽・伏見の戦いに勝利した維新政府は、ただちに慶喜追討令を発し、二月には薩摩・長州を中心に有栖川宮熾仁親王《ありすがわのみやたるひと》を征討大総督とする総勢五万の東征軍を編成、江戸へ向け進撃を開始した。この間、中立諸藩も次第に新政府軍側につき、また関東一帯での世直し一揆の高揚などから、幕府も抵抗を断念、四月十一日、江戸城の無血開城がなされ、名実共に江戸幕府が滅亡した。徳川慶喜は恭順の意を表し戦闘は終結したかに思えた。しかし、旧幕府勢力の抵抗は彰義隊の上野戦争など、関東周辺で続き、東北地方では五月に奥羽越列藩同盟が結成され、凄惨な戦闘が繰り広げられていったのである。

佐賀藩の出撃

大政奉還の上表後、朝廷側から上京を命じられながらも天下の情勢を見据え、腰を上げなかった前藩主鍋島閑叟《かんそう》★も、大隈八太郎（重信）から小御所会議の決定を聞いて、十二月二十四日、ただちに薩摩・長州を始め諸藩と同調することを決断した。

慶応四年（一八六八）二月六日、北陸道先鋒を命じられ、同時に鍋島閑叟・藩

▼**鍋島閑叟**
鍋島直正は文久元年（一八六一）十一月、四十八歳で隠居、子の直大に家督を譲り閑叟を号した。

主直大《なおひろ》・副島《そえじま》次郎（種臣）・大木民平（喬任《たかとう》）・大隈八太郎（重信）は中央政府に参画することになった。さらに閏四月九日には庄内藩《しょうないはん》★追討が命令された。『佐賀県史』によれば、佐賀藩兵七五三名は仙台に上陸。さらに五月三日、鍋島直大は下総・上野《こうずけ》・下野《しもつけ》の鎮撫を命じられ、下総に五四〇名、上野・下野には九三八名を出兵したとあり、幕末最強と評される佐賀藩はこれらの兵力をもって五月十五日には上野の彰義隊を壊滅させた。

しかし、この時期、江戸をはじめ関東の各地では、旧幕府軍の脱走兵や譜代の諸藩兵のうちで新政府軍に対して反動的行動に出る者が多く、また夫役《ぶやく》や御用金★の賦課《ふか》に苦しむ関東地方の農民の一揆も頻発していた。戊辰戦争時の佐賀藩兵の総出兵数は五〇〇〇人以上、史料によっては六〇〇〇人を超すともされる。薩摩藩が禄高七十七万八百石で七三〇〇人余の出兵であるのに比して、三十五万七千石の佐賀藩の出兵が如何に多いのかがうかがい知れる。

武雄軍団　秋田を駆ける

佐賀藩の戊辰戦争史の上でも特筆すべきは武雄軍団の活躍である。

慶応四年（一八六八）五月二十七日、武雄領主鍋島茂昌《しげはる》は「多年、西洋砲術研究練兵の趣聞し召され候につき」として、朝廷より出兵を命じられた。関東の不

▼**庄内藩**
現在の山形県北西部に置かれた藩。鶴岡を中心とする地域。奥州地方の強大な譜代大名であったため、戊辰戦争では旧幕府軍の中心として指導的な役割を果たした。

▼**御用金**
幕府が財政の窮乏を補うため臨時に課した金銭。

穏な情勢が、武雄軍の派兵を必要としたものであろう。

武雄軍団の本隊は、七月一日未明、伊万里の久原岬《くばらみさき》から「英火輪船《かりんせん》」（イギリス蒸気船）を雇って出航。船は終夜走り続け、三日夜明け時分、兵庫（神戸港）に着いた。翌日、茂昌は海路大坂に向かい前藩主鍋島閑叟に会見、十日には別行動となっていた砲兵部隊も兵庫に到着した。

十四日に朝廷に参内した茂昌は、明治天皇に拝謁し、勅諚《ちょくじょう》（天皇の命令）、天盃、軍扇、錦旗などを拝領した。陪臣（又家来）に過ぎない武雄領主が直接、勅諚や天盃を賜ったのは異例で、勅諚に「其方、武術抜群、兵隊精練」と記されるように、武雄鍋島軍が洋式軍事力に卓越していたことを新政府に評価されたからにほかならない。

朝廷に参内し鍋島茂昌が勅諚を受けた時には、武雄隊の出撃地はさらに羽州（秋田・山形）方面へと変更されていた。七月二十二日、武雄隊は二隻のイギリス船に分乗し兵庫を出港、二十七日にそれぞれ能代《のしろ》港と土崎《つちざき》港（秋田港）に着岸、上陸を開始した。

鍋島茂昌は、土崎上陸後、ただちに久保田（秋田城下）に赴き、奥羽《おうう》鎮撫総督の九条道隆《くじょうみちたか》に謁見、能代に上陸した部隊は、八月一日に久保田に入ったが、この日、早くも武雄軍団には南方の院内（現在の秋田県にかほ市付近）から本荘方面への出撃命令が下されている。

鍋島茂昌写真
（武雄鍋島家資料／武雄市蔵）

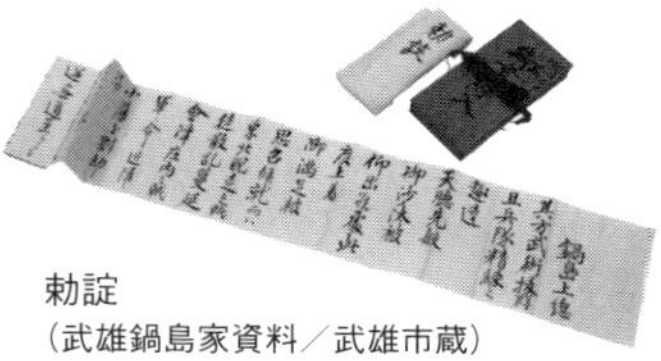
勅諚
（武雄鍋島家資料／武雄市蔵）

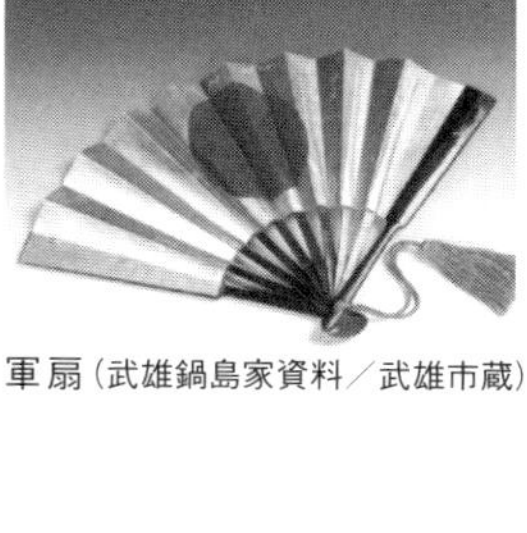
軍扇（武雄鍋島家資料／武雄市蔵）

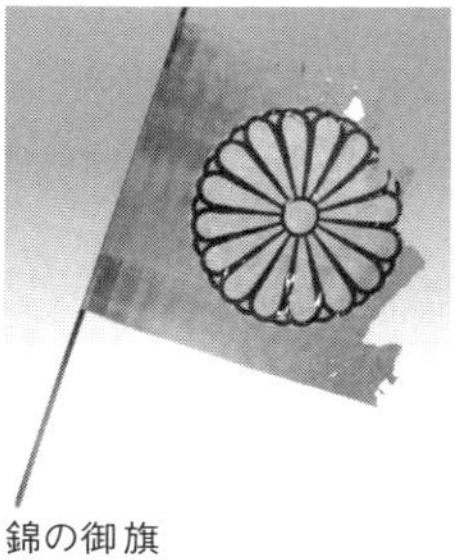
錦の御旗
（武雄鍋島家資料／武雄市蔵）

一カ月ほど前の七月四日、奥羽越列藩同盟を固守せよと説く仙台藩使節の宿《しゅく》所《しょ》を襲撃、奥羽越列藩同盟との訣別という苦渋の選択をした久保田藩（秋田藩）は、この時期、周囲を庄内兵をはじめとする旧幕府軍に包囲され、城下は危機的状況に瀕していたのである。

『武雄史』等の記述によれば、武雄軍団は、アームストロング砲四門、フランスボーム砲二門ほか、合計一〇門の大砲、さらには最新の七連発スペンサー銃を装備、四大隊一六小隊、総勢約八〇〇人からなる兵力で、各方面に転戦、旧幕府軍の庄内藩との間に烈しい戦闘を繰り返し、北上してきた庄内軍を次第に押し戻し、追い詰めた。八月二十日、茂昌は、前佐賀藩主鍋島直正（閑叟）より羽州鎮撫の佐賀藩全軍約四〇〇〇名を統率する総指揮官にも任命された。

九月二十二日には会津藩が降伏、二十九日には庄内藩もついに降伏し、奥羽越列藩同盟は事実上瓦解、東北戦争も終結したのである。

鍋島茂昌の一行は酒田から陸路をとり、十月二十七日、東京に到着。十一月十二日、茂昌は軍務官の召集により江戸城へ登城、明治天皇に面会、「久々之軍旅、励精尽力、速ニ東北平定之効ヲ奏候段　叡感不浅候、今般凱旋ニ付、不取敢、為御太刀料金百五十両下賜事」との沙汰書を受け、功労金一五〇両を拝領、さらに軍務官では料理をもてなされた。

当時、軍務官副知事であった大村益次郎から佐賀出身の会計局判事島義勇《しまよしたけ》へ宛

スペンサー銃
（個人蔵）

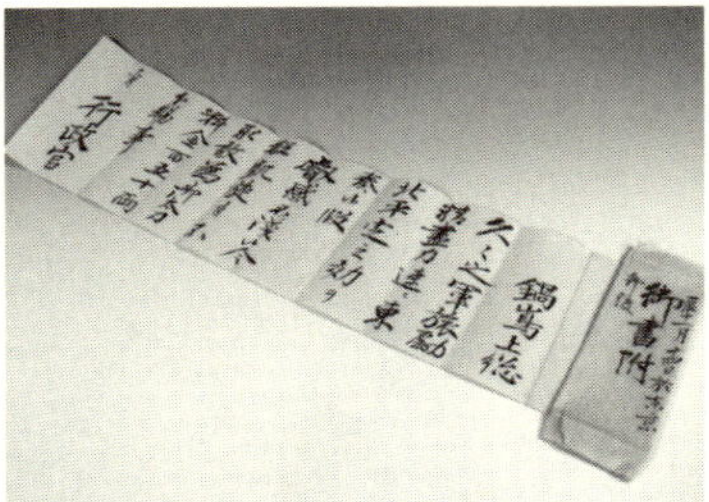

沙汰書
（武雄鍋島家資料／武雄市蔵）

てた書状によれば、鍋島茂昌が引率する武雄の兵が「余程強兵ニこれ有り」として、優秀な洋式装備を有する武雄軍団を、いまだ世情不安定な東京に引きとめて警備の中心としたいとする動きがあったことが知られる。しかし茂昌は帰国を切願、十一月二十日早朝、武雄軍団を乗せた船は品川を出港した。十一月二十四日、伊万里に着船、翌日、武雄に凱旋した。

　翌明治二年（一八六九）、榎本武揚らの幕府軍最後の根拠地となった箱館五稜郭の要塞攻撃には、佐賀本藩から石井貞之進を艦長として佐賀藩兵の乗り組む陽春丸、中牟田倉之助の朝陽丸、そのほか延年丸が参加した。前述のごとく、朝陽丸は、幕府方の攻撃により火薬庫が爆発を起こして沈没、艦長の中牟田は重傷、副長の夏秋《なつあき》又之助ほか五一名が即死するなど、甚大な被害をこうむった。

　しかしながら、佐賀藩が戊辰戦争に積極的に参加し、戦局を有利に導く活躍をしたことは、明治維新期における佐賀藩の地位と評価を高め、薩摩・長州勢力と並んで、中央政府への参加を決定付ける要因となったのである。

「佐賀の時代」の終わり

　慶応四年（一八六八）三月、鍋島閑叟（直正）は新政府の議定《ぎじょう》兼軍防事務局次官となり、さらに翌明治二年（一八六九）、北海道開拓使長官に任官した。しかし、

大村益次郎書状（武雄鍋島家資料／武雄市蔵）

鍋島直正肖像写真（佐賀城本丸歴史館蔵）

その後、発病、明治四年（一八七一）一月十八日、ついに五十六歳の生涯を終えた。

幕末動乱の時代、薩摩や長州など他の西南雄藩が、時代の流れに翻弄され多大な人的・物的犠牲に苦しむなか、直正は最後まで佐賀藩の去就《きょしゅう》を明らかにせず、人材の確保と科学技術の育成により力を蓄えた。

やや神経質そうな顔立ちの姿を写した数葉の直正の肖像写真が残る。実際、胃腸カタルや歯痛、痔疾などに悩まされていたといわれ、『鍋島直正公伝』は、晩年、用便ごとに上・中・下三つの手桶を備えさせ、手洗いにすべてを使い乾《ほ》したと、病的なほどの潔癖性を顕したことも記している。「日和見主義《ひよりみ》」「二股膏薬《ふたまたこうやく》」と悪口されながらも、直正はおそらく神経質な姿そのままに時勢を見据え、時が熟すその瞬間まで佐賀藩を動かさなかった。そして、そのことが佐賀藩を幕末最大の雄藩に押し上げた。

『鍋島直正公伝』にはまた、「此の戦いを政権変動の人気（民衆の支持）の不折合いより起こりたる偶発的のものと解せられたるをもって、亦免《まぬ》がるるを得ざることなりきとは云へ、是がために国家の干城《かんじょう》（国を守る武士・軍人）を多く犠牲となすを好まれず。（中略）なるべくは小銃の威力をもって其の勢を挫《くじ》くに力《つと》め、もって大砲にて之を殲滅《せんめつ》（皆殺し）するが如き惨毒（むごたらしいこと）を避くべし」という、直正の言葉を載せている。直正は新時代のため敵・味方を含め多くの人材を残そうと考えていたのである。

神野茶屋
（『佐賀県写真帖』より）

戊辰戦争における新政府軍の歴史的勝利は、アームストロング砲など、直正が着々と整備を進めた最新兵器を前線に投入した佐賀藩の活躍なしには語れない。直正を中心とした佐賀藩の洋学研究の成果はまさにこの戦争に凝縮される。

けれども、圧倒的な軍事力を見せつけた佐賀藩の活躍にもかかわらず、その後の新政府内では次第に佐賀藩は主流を追われていく。直正の死とともに、直正の築いた栄光の「佐賀の時代」も幕を閉じた。

佐賀市の神野《こうの》公園は、佐賀藩主の避暑地として建てられた茶屋（別荘）だが、直正はここに重臣や改革派の若手、学識の人を集めてたびたび会合をもち、議論の後は飲食を共にし余興を楽しんだ。神野の茶屋は、保守派と改革派の融和を図る場として利用され、また、領民の花見にも開放された。

明治新政府で直正とともに大納言となった岩倉具視《ともみ》は、直正を評して「神経質そうに見えるが大胆なことを考え、そして寛容・温和で誰からも慕われている」と語ったという。

幕末、佐賀藩が最も近代的かつ強大な雄藩として輝きを放ったのは、改革を実行に移す決断の確かさと人々の融和を図る優しさを併せ持ったこの直正の資質を抜きには語れない。直正以後も、佐賀は多くの人材を輩出した。直正に育てられ、直正に続いた彼らと、そして佐賀の人々に、直正の魂は佐賀の魂としてしっかりと受け継がれたのである。

②岩倉使節団と佐賀

元来、新政府内では大隈重信米欧使節団となるはずだったが
誕生まもない政府部内の争いで岩倉具視が特命全権大使となった。
岩倉使節団に同行した佐賀人たちが見た往時を振り返る。

出航の朝

明治四年（一八七一）十一月六日、太政大臣三条実美《さねとみ》の邸宅で盛大な宴《うたげ》が催された。誕生まもない明治政府が国の威信をかけて先進米欧諸国回覧の旅に送り出す、岩倉具視《いわくらともみ》を特命全権大使とする大使節団の壮行の宴であった。

「行ケヤ海ニ火輪《かりん》ヲ転ジ、陸ニ瀛車ヲ輾《めぐ》ラシ、万里馳駆《はせかけ》、英名ヲ四方ニ宣揚シ、無恙《つつがなき》帰朝ヲ祈ル」とは使節団に対してなされた送別の辞の一節である。

十一月十二日、四六名の使節団は、ほかに随従《ずいじゅう》や留学生も加え総勢一〇〇人を超える大使節団で横浜を出航した。

大使随行として使節団に加わった佐賀出身の権少外使《ごんのしょうがいし》久米邦武《くにたけ》は出航の日の様子を『特命全権大使　米欧回覧実記』の冒頭に書き留めた。「此頃ハ続テ天気

岩倉米欧使節団全権大使・副吏の写真（左から木戸荒孝充、山口尚芳、岩倉具視、伊藤博文、大久保利通）
（『蘭学館』武雄市図書館・歴史資料館より）

晴レ、寒気モ甚シカラズ、殊ニ此朝ハ暁ノ霜盛ンニシテ、扶桑ヲ上ル日ノ光モ、イト澄ヤカニ覚ヘタリ、朝八時ヲ限リ、一統県庁ニ集リ、十時ニ打立テ、馬車ニテ波止場ニ至リテ、小蒸気船ニ上ル、此時砲台ヨリ十九発ノ砲ヲ轟カシテ、使節ヲ祝シ、（中略）海上ノ砲烟ノ気、弾爆ノ響、シバシ動テ静マラス」

久米の漢学者らしい文語調の軽快な言葉の響きにより、船出の朝の横浜港の賑々しさ、使節団一行の凛々しさ、これを見送る人々の期待と緊張、そして興奮さえもが、冬の日差しと冷気を帯びた空気をともなって眼前に広がる。

岩倉大使欧米派遣（山口蓬春筆）
（明治神宮聖徳記念絵画館蔵）

岩倉具視の米欧使節団

明治維新政府による使節派遣問題は、政府成立まもない頃から起こっていたと考えられている。

明治新政府の中で、主導権を握ろうとしていたのが佐賀藩出身の大隈重信であった。彼は、明治四年（一八七一）八月、自ら使節として条約の改正交渉に臨むことを提案し、閣議の内諾を得ていたという。だが、この後、岩倉具視や大久保利通《としみち》が反発、九月には大隈使節団は岩倉使節団へと急展開した。

大隈使節団・岩倉使節団ともに、その構想は、オランダ系アメリカ人Ｇ・Ｆ・フルベッキの考えを下敷きにしていた。フルベッキは、安政六年（一八五九）に

大隈重信（八太郎）写真
（大隈重信記念館蔵）

来日、佐賀藩が長崎に開いた英学塾致遠館で教鞭を執った。その門下生の一人が大隈重信である。大隈の運動により、明治二年(一八六九)四月、フルベッキは文部省のお雇い★となり、五月、「ブリーフ・スケッチ」と呼ばれる使節団派遣に関する四九項目の意見書を提出した。政治関係の諸問題をはじめ、議会制度から牢獄に至るまで、日本をどのような近代国家につくりあげるかという、そのための調査・研究を述べたものである。

以上の結果、組織された岩倉使節団の中心となったのは、特命全権大使岩倉具視(右大臣)、副使木戸孝允《たかよし》(参議。長州藩出身)・同大久保利通(大蔵卿《おおくらきょう》。薩摩藩出身)・同伊藤博文(工部大輔《こうぶたゆう》。長州藩出身)・同山口尚芳《ますか》(外務少輔《がいむしょうゆ》。佐賀藩武雄出身)の五名。アメリカのサンフランシスコでこの五名を収めた写真はあまりにも有名である。

ところで、この書記官・理事官・随行など総勢四六名からなる岩倉使節団の出航時の平均年齢はおよそ三十二歳。最年長の岩倉ですら四十七歳。副使の木戸が三十九歳、大久保が四十二歳、山口が三十三歳、伊藤は三十一歳。使節団そのものが若き獅子たちの一行であった。その派遣は、①江戸幕府が幕末に条約を締結した各国への国書の奉呈、②条約改正の予備交渉、③欧米近代国家の制度・文物の調査・研究を目的とした。

しかし、最初の訪問地アメリカで条約交渉が長引いたことに端を発して、当初

▼お雇い
お雇い外国人のこと。明治維新政府が先進国の学芸・技術・制度を摂取する目的で招いた外国人。

予定の十カ月半の行程をはるかに超える一年十カ月の長旅となり、アメリカのほかイギリス・フランス・ベルギー・オランダ・ドイツ・ロシア・デンマーク・スウェーデン・イタリア・オーストリア・スイスの計一二カ国を歴訪、帰路は中東・南アジア・東南アジアを経て、使節団が再び横浜へ帰港したのは明治六年（一八七三）九月十三日（この間、明治五年十二月三日を明治六年一月一日として太陽暦に改暦）のことであった。加えて、この旅が、彼らにとって、若さで補っても補いきれぬほど困苦に満ちたものであったことは明らかで、事実、彼らの強烈なほどの熱意と使命感なくしては到底成し遂げ得ない旅程であったことは想像に余りある。

岩倉使節団についての評価もまちまちである。現に使節団派遣の目的の一つであった条約改正の交渉は実質的には失敗に終わり、以降は極端な欧化政策へ方向を転換、時代の象徴である鹿鳴館《ろくめいかん》へと交渉の舞台は移っていく。

しかしながら、新国家創出のモデルを米欧に求め、彼ら先進各国の中に新日本の進むべき道を探ろうとしたという意味で、岩倉使節団の派遣は、まさに近代日本の船出を象徴すべき記念碑的事業として位置付けることができよう。そして、使節団各員にとっても、世界という目で、東洋の果てに浮かぶ日本を見るという

岩倉使節団経路図

視野を培うには十分すぎる旅であった。

山口尚芳と久米邦武

岩倉使節団を語る上で、見落とすことのできない佐賀出身の人物が二人いる。使節団副使となった山口尚芳《ますか》と、回覧後に膨大な記録『米欧回覧実記』を執筆・編集した久米邦武《くにたけ》である。そして、彼ら二人は偶然にも天保十年（一八三九）生まれの同じ年であった。しかし、使節団参加までの二人の経歴はある意味対照的である。

山口は、天保十年（一八三九）山口形左衛門尚澄の子として武雄に生まれた。書誌によれば、幼少より学問に秀で、十五歳の時には武雄領主鍋島茂義の命により長崎に赴き蘭学を学んだ。のち、安政五年（一八五八）に長崎奉行所内に設置された英語伝習所（のちの済美館《せいびかん》）で、アメリカ人宣教師フルベッキのもとで他藩の俊才と肩をならべ英語の習得に励み、帰郷後、佐賀本藩の翻訳兼練兵掛《かかり》となった。その後、上京して岩倉具視に接近、幕末の討幕運動では薩長同盟の成立にも奔走し、新政府軍による江戸開城時にはその先頭にあったと『武雄史』などは伝える。

王政復古後、新政府の外国事務局御用掛となり、その後政府の要職を歴任、明

パリで撮影された山口尚芳の写真
（横浜開港資料館蔵）

治四年（一八七一）には外務省へ出仕、八月三日外務少輔に任ぜられた。十月八日には従四位に叙せられ、同時に木戸、伊藤、大久保とともに特命全権副使の命を受けた。

一方、久米は、天保十年（一八三九）に佐賀の八幡小路《はちまんくうじ（こうじ）》に生まれた。父邦郷は、大坂蔵屋敷詰、長崎聞役★、有田皿山代官などを務めた実務肌の能吏《のうり》であった。邦武は幼い頃から学問に優れ、藩校弘道館で優秀な成績を修めた。文久三年（一八六三）、藩命により江戸遊学を命じられて昌平坂学問所に学び、帰藩後は前藩主鍋島直正（閑叟）の近習として仕え、維新後も弘道館の教諭を務めた。久米はその修学時代を漢学の世界に生きてきたのである。

ところが、明治四年、岩倉具視が、今回の洋行に和漢の学識者を随行させたいという希望を挙げたため、そこで久米が最終的に抜擢された。渡航中、久米は、英語に堪能な畠山義成（当時は杉浦弘蔵、薩摩藩士、帰国後東京開成学校初代校長）を介して、訪問地の各現場で視察内容を克明に記録した。

帰国後、久米は一〇回以上もの書き直しを経て、明治十一年（一八七八）に『米欧回覧実記』を刊行した。訪問各地で採ったと思われる臨場感溢れるメモ類に加え、各地から持ち帰ったガイドブックや統計書など現地の資料類、他の団員が提出した報告書、また、科学技術の専門書も参考としてその内容や叙述スタイル、構成など試行錯誤を繰り返して完成させたのである。東京目黒駅そばの久米美術

久米邦武肖像写真（久米美術館蔵）

▼長崎聞役
江戸時代、外国の侵攻を恐れた幕府が、中国・九州の諸藩から、家臣を長崎に派遣させて設置したもの。藩の蔵屋敷に詰め、情報収集などを行った。

館に保管される膨大な量の原稿類がその推敲《すいこう》の跡を物語っている。

山口尚芳の見た世界

岩倉使節団の副使のうち、大久保・伊藤・木戸は、条約改正交渉の紛糾や日本の国情の変化から回覧中途に日本へ帰国する。また多くのメンバーもそれぞれの任務を負って分散したため、必ずしも全員が常に行動をともにし、一緒に帰国したわけではなかった。

そのような中、『米欧回覧実記』をまとめた久米は勿論、山口尚芳も最後まで使節団の中にあった。その意味で二人は使節団の見た世界の全てを体験した。

「大隈文書　山口尚芳書簡」（早稲田大学図書館所蔵）には、米欧回覧中の山口が大隈重信に宛てて送った書簡が、全部で一六通確認される。

山口の書簡には眼前に広がった新世界への感動が溢れ、読むほどに彼の体験した世界が新鮮な感覚で追体験できる。

その内容は、決まって時候の挨拶と留守政府を預かる大隈への慰労の辞に始まり、使節団一行の旅程報告、訪問先の町やその地で受けた歓迎の様子、国情、外交問題、旅先で知り得た日本の国内情勢（廃藩置県、朝鮮・琉球問題）への関心など多岐にわたっている。あるいは旅先で一行を路頭に迷わせたアメリカ・ナシ

『米欧回覧実記』（下は挿絵）
（久米美術館蔵）

ョナル・バンクの倒産事件（イギリスに支店を持つアメリカ・ナショナル・バンクという銀行の重役で高杉晋作の従兄弟を名乗る南貞助という人物の勧誘で、多額の配当金を目当てに、使節団員が所持金を預金したところ、まもなく銀行が倒産、彼らの預金がことごとく水泡に帰したという事件）などの興味深い内容も所々に見出せる。

その書簡中、とりわけ、彼が珍しくも語気を強め感慨を込め認《したた》めた箇所がある。一行が米国回覧を終え、リバプールを経てロンドンへ到着した直後の七月十八日付書簡の一節である。

「兼而《かねて》聞ク倫敦（ロンドン）ハ宇大之大都ト、誠ニ合衆国之諸都合シテモ同実之論ニアラス、……見観之諸物ハ悉ク想像ノ意外ニ出テ、米国迄ハ左マテ驚天ノ場合ニハ到タラス候得共、當國之進歩ニ到テハ落膽（肝をつぶすの意）、有為之気勢も相屈ス斗《ばかり》ニ有之候、惜ムラクハ十有五年前、此ノ大形ヲ一観セハ方畧無キニシモアラス、嗚乎《ああ》後レタリ遺憾ナリ……表皮之開化論等ハ断然打捨テ根基ヲ強シ人知之進歩ヲ計ルカ肝要……」

広大なアメリカ合衆国とその内に点在する諸都市に比べ、日本と同等の島国でありながら、英国の首府ロンドンは、すべての都市機能を集約した近代的な巨大都市として山口の目に映じたのである。

使節団一行がヨーロッパに視察の舞台を移してから、とりわけロンドンとパリ

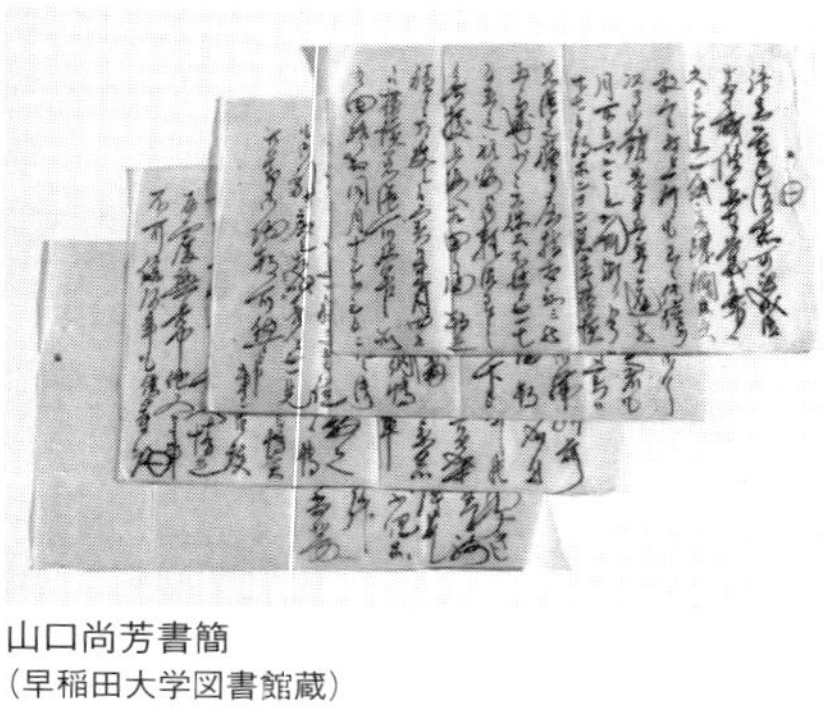

山口尚芳書簡
（早稲田大学図書館蔵）

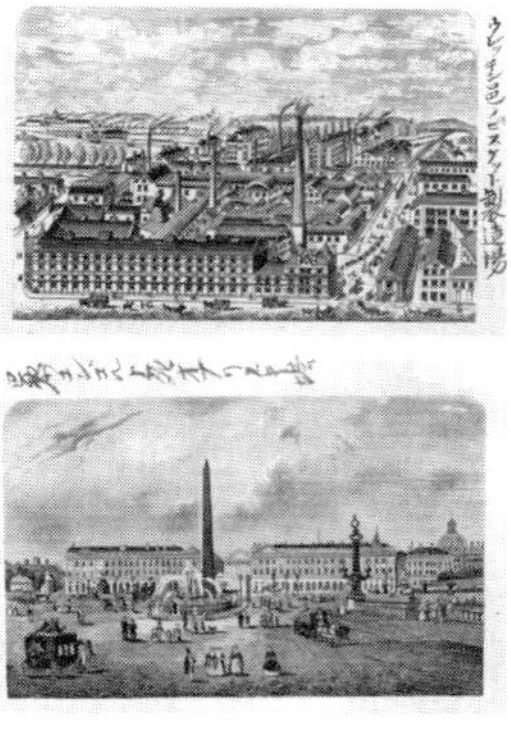

『米欧回覧実記』の挿絵
ウレッチン邑のビスケット製造工場（上）と
パリコンゴルト苑のオブリスキ塔
（久米美術館蔵）

での彼らは驚きの連続であったようだ。

「当府（パリ）ハ英都倫動《（ママ）》ヨリ狭小ナリト雖《いえども》、其《その》美麗繁花ハ同実之論ニ有ラス、宇大之華美ヲ極メ……」

山口は明治六年正月二日付の書簡にこのように認《したた》めた。パリは山口にとっても「花の都」であり、この地で新年を迎えた喜びもまた、ひとしおであった。

岩倉使節団をめぐる肥前の人々

山口・久米と共に欧米に赴いた肥前出身の人々を列挙しよう。まず使節団の団員として、池田政懋（四等書記官、文部大助教）、中山信彬（大使随行、兵庫県権知事）、長与秉継（号は専斎／随行、文部中教授）、中島永元《のりもと》（随行、文部省七等出仕）、中野健明《たけあき》（随行、司法権中判事）がいる。さらに同行留学生としては鍋島直大《なおひろ》と随行の百武兼行《ひゃくたけかねゆき》、田中永昌、松村文亮らを挙げることができる。

鍋島直大は直正の長男で、最後の佐賀藩主であった。横浜出港当時二十五歳の直大は、山口尚芳の大隈宛書簡にも「旧藩公」として再三名前が登場するが、この使節団でイギリスに留学、約八年を過ごした後、佐賀戦争の直後に帰国した。

また、百武兼行は、九歳の時以来、鍋島直大の御相手役として仕え、直大のイギリス留学にも随行。その後、佐賀戦争で一旦帰国したが、その秋には直大とと

鍋島直大写真
（鍋島報效会蔵）

もに再度渡英、西洋画を学び、日本最初期の洋画家の名声を得るに至った。

一方、山口尚芳には、副使である自身の「従者」としての同行者がいた。山口俊太郎、川村勇、相良猪吉★の三名である。

山口俊太郎は、当時満八歳、山口尚芳の長男。すなわち尚芳は、米欧回覧に従者として自身の長男を同伴した。前掲書簡中にも、時には幼い俊太郎が自ら通訳をかって出るなど、その語学習熟の速さに驚嘆した様が記述される。この時、留学生として使節団に同行した少年は多くいたが、なかでも、俊太郎は「神童」と呼ばれるほどの怜悧《れいり》さを持ち合わせていた。彼は、そのままイギリスに滞在、九年後に帰国したが、その英語はもはやイギリス人と寸分変わらぬほどであったという。

では、彼らが回覧した先にはどんな人物がいたのだろう。久米は、グラスゴー造船所二等造船技師として活躍していた小城藩出身の丹羽雄九郎にロンドンで面会した。また、ウィーンでは、万国博覧会が開催されていたこともあり、日本側副総裁の佐野常民や審査官の納富介次郎、ワグネル★なども その地に滞在していたのである。

▼相良猪吉
大隈重信の甥。大隈の姉妙子の子か。

▼ワグネル
ドイツ人。明治元年(一八六八)に来日し、その後、有田で、窯業の発展に寄与した。ウィーン万博時には、ウィーン万博御用掛として渡欧した。一八三一～九二。

③ 佐賀戦争と江藤新平の最期

江藤新平の下野により佐賀の不平士族の不満が爆発した佐賀戦争。
政府軍は即座に軍を動かし佐賀軍は敗れた。
大久保利通の思惑もあり佐賀にとって苛酷な戦後処分が下された。

佐賀戦争勃発までの背景

明治時代初期、政府の外交問題は、欧米諸国と幕末に締結した条約改正と、アジアの近隣諸国との国交問題などであった。

朝鮮国との関係は、江戸時代を通じてはおおむね良好であったと言えるが、明治になり、あらためて国交を開こうとすると、清国を宗主国とし、鎖国政策をとっていた朝鮮国は、日本の態度を不服として拒否したため、日本国内では武力で朝鮮国を強引に服属させるべきという「征韓論」が高まった。また、朝鮮国を服属させ、日本が欧米諸国から押しつけられた不平等条約を逆に認めさせることで、日本が唯一対外的に優位に立つとする意図も一方にはあった。

こうした「征韓」を強硬に果たそうとする政府内部の動きのなかで、岩倉使節

征韓論之図
（武雄市蔵）

団が明治六年（一八七三）九月に、一年十カ月の旅を終え帰国。欧米諸国の文明の発達を目の当《ま》たりにした大久保利通や木戸孝允ら（実際には彼らは旅の途中でいち早く帰国していた）は、内治《ないち》、すなわち明治政府下での国内の政治体制の整備が優先と主張して「征韓」に反対、激しい論争が生じた。

この年の十月二十四日、佐賀出身の参議、大隈重信・大木喬任《たかとう》・副島種臣《そえじまたねおみ》・江藤新平のうち、副島・江藤は征韓を主張し敗れ参議の職を辞したのである。

一方、征韓論には、不平士族たちの欲求不満の解消を目的としたという見方がある。明治政府の推し進める文明開化の風潮の中、明治四年には「散髪脱刀令」が出され、丁髷《ちょんまげ》や、武士としての誇りである刀までもが時代遅れとなった。また、旧幕府や旧藩から武士に与えられていた俸禄は家禄に替わったものの、額も減じられ、武士としての特権的身分も廃止されて失業状態となり、士族の間には新政府への強い不満が見られるようになった。そうした士族のやり場のない不満を解消させる手段の一つとして、「征韓」が企図され、また、士族らもこれに期待したというのである。そして、その不満が頂点に達したのが、征韓論争での征韓派の敗北であった。

ここから佐賀戦争に始まる各地の不平士族による反乱が勃発、しかしながら、明治十年（一八七七）の西南戦争で、彼らの武力反乱は終結することとなった。

江藤新平と島義勇

江藤新平《えとうしんぺい》は、天保五年（一八三四）、佐賀城下八戸町《やへ(やえ)》（現在の佐賀市八戸町）の佐賀藩士江藤助右衛門の長男に生まれた。十一歳で藩校弘道館に入学。十七歳の時、副島種臣の兄枝吉神陽《えだよししんよう》の「義祭《ぎさい》同盟」に最年少で参加、その後、枝吉神陽に直接師事し、開国論を唱えた。文久二年（一八六二）の六月には、尊皇の情熱をたぎらせ、脱藩して京都に上り尊皇派の中心であった公卿姉小路公知《あねがこうじきんとも》らと親交した。しかし、八月、佐賀に連れ戻され永久閉門の処分を受けた。その後、慶応三年（一八六七）、閉門を許され、京都で討幕運動に専念した。

明治元年（一八六八）には新政府軍の軍監となり、江戸上野で彰義隊を粉砕、その後、同郷の大木喬任らと連名で東京遷都論を建議した。翌明治二年、佐賀藩権大参事となり、副島種臣とともに藩政改革を実施、しかしこの年十二月、虎の門で襲われ重傷を負った。同三年には、「国政改革案」を建議。同四年七月、文部大輔《たゆう》（現在の文部次官）、八月、左院副議長となり、廃藩置県を施行した。

明治五年四月、初代司法卿となり、法制を公布・施行《せこう》。明治六年四月参議となったが、征韓論で敗れ辞職した。明治七年一月、愛国公党を結成。佐賀での不平士族らの過激な行動を抑える目的で一月十三日帰佐したが、二月十五日、征韓党

江藤新平（北海道大学附属図書館蔵）

島義勇（北海道大学附属図書館蔵）

を率いて「佐賀戦争」を引き起こすこととなった。

一方、島義勇《しまよしたけ》は文政五年（一八二二）佐賀城下西田代横小路《にしたしろよこくうじ(こうじ)》（現在の佐賀市西田代）に佐賀藩士島市郎右衛門有師《ありみつ》の長男として生まれた（明治政府の参議となった副島種臣は母方の従兄弟）。九歳で藩校弘道館に入学、二十三歳で卒業し諸国を遊学した。帰藩後、弘道館目付《めつけ》★、鍋島直正の外小姓となり、二十九歳の時、枝吉神陽の「義祭同盟」に参加した。

安政三年（一八五六）、三十五歳の時、かねてから東北・北海道に着眼していた鍋島直正の命により北海道・樺太の探検を行った。佐賀藩内ではすでに古賀穀堂が北海道を踏査《とうさ》しており、彼の進言もあったという。

安政五年、長崎港外香焼島守備隊長となり、元治元年（一八六四）、観光丸艦長、さらに明治元年には軍艦奉行となった。翌二年七月、蝦夷《えぞ》開拓使首席判官《はんがん》となり札幌の開拓を決定、北海道史に大きな足跡を残した。また、朝廷から従四位を贈られ、秋田県権令などを歴任した。

佐賀戦争の敗戦

征韓論論争に敗れて、江藤新平が参議を辞職し下野したことで、佐賀の不平士族たちの不満はいよいよ限界を迎えることとなった。

▼弘道館目付
藩校弘道館の監督役。

皇国一新見聞誌　佐賀の事件
（武雄市蔵）

佐賀の不穏な情勢を知った江藤は、副島種臣と会談、結局、江藤がこれを鎮め善後策を図る決意で明治七年一月十三日に、島義勇もまた、江藤らの行動を監視・牽制《けんせい》するという目的で二月六日に、佐賀に向かった。

その一方で、新佐賀県権令となった岩村高俊は、熊本鎮台《ちんだい》兵（鎮台とは、明治のはじめに置かれた陸軍の軍団で、九州では熊本に置かれた）を率いて任地の佐賀に向かった。こうした動きが、かねて佐賀出兵の計画ありと聞かされていた佐賀の士族を刺激し、いよいよ主戦論に駆り立てられることとなった。二月十一日、長崎で会見した江藤と島も、もはや戦闘以外に道なしと意見が一致、十四日、岩村高俊が鎮台兵を率い佐賀城に入城すると、翌十五日には、ついに島義勇に通じる憂国党と江藤新平に通じる征韓党の両党の勢力が合同して挙兵し佐賀戦争が勃発した。

従来、歴史教科書等には、「佐賀の乱」として記述されている。しかし近年、佐賀では、国の政治・支配に対する反乱というイメージの強い「乱」を用いるより、「役」や「戦争」という用語を用いるべきという論議がある。ここでは、あえて「佐賀戦争」と表記することとした。

十六日、佐賀軍は政府軍が駐屯する佐賀城を攻撃、佐賀県庁を占拠した。この戦闘で佐賀城も焼けた。

だが、二十二日、鳥栖《とす》の朝日山、二十三日、三根《みね》郡の寒水川《しょうずがわ》付近での激戦では、

『近世四戦紀聞』
右が「佐賀城の官軍切通し門より賊囲を衝て出る図」
（武雄市蔵）

政府軍が勝利を収め、佐賀軍は敗走した。

また、一方、内務卿大久保利通が十九日、福岡に到着、各地での激戦を経て、三月一日に佐賀城に入城した。

江藤は、二月二十三日の夜、佐賀南部の丸目《まるめ》（現在の佐賀市西与賀町丸目）から船で脱出、鹿児島の西郷を頼った。また、島も二月二十八日、佐賀を脱出した。だが、その後、三月七日、鹿児島で島が、二十九日には高知で江藤が捕縛された。

この戦闘に動員された征討軍（政府軍）の数は、東京・大阪・熊本の各鎮台で計四五〇〇人を超えた。一方、実際に参戦した佐賀軍の数は明らかではない。政府軍の戦死者一七七名、佐賀軍の戦死者一六七名の数が公表されている。

ところで、この佐賀戦争の中で、武雄領の動きは特異であった。戦争の勃発当初から、旧武雄領主鍋島茂昌《しげはる》に対して、佐賀憂国党から、元帥《げんすい》（統率者）への強い就任要請と出兵要請が再三なされた。しかし、武雄は領内の動揺を抑止し、出兵を拒否、態度を留保し続けた。この執拗な出兵要請の背景には、鍋島茂昌が佐賀藩士島市郎右衛門敏雅の娘智恵《ちえ》を母としていたことがある。島敏雅は島義勇の祖父で、つまり島義勇（および、その兄弟副島義高《そえじまよしたか》・重松基吉《しげまつ》）と茂昌は従兄弟の関係にあった。また、茂昌の実弟である相良経貞は佐賀藩の重臣で、彼らはいずれも佐賀軍の中心でもあった。その誼《よしみ》から、茂昌は強い要請についには抗しきれず、武雄士族団六四名が佐賀に向け出兵することになったのである。

「佐賀縣逆動記聞」
（佐賀県立博物館蔵）

この戦争では長崎に上陸する政府軍を率いて佐賀城に入城したのは山口尚芳であった。また、戦争に加担した武雄が、戦後、赦免《しゃめん》された背景にも、山口の奔走《ほんそう》があった。武雄鍋島家の資料の中には、戦後、山口が自ら添削を加えた政府に対する武雄の嘆願状草案が残されている。西洋諸国の現状を目の当たりにし帰国した山口の目には、郷里で起こった内紛は、いかにも悲壮な殺し合いに映じたのかもしれない。

佐賀戦争の処分

明治七年（一八七四）四月八日〜九日、「佐賀の乱臨時裁判所」が開廷、十三日早朝には判決が下され、江藤新平と島義勇の両名は、即刻、梟首《きょうしゅ》（さらし首）に処せられた。その他、斬刑一一人・懲役一三六人・除籍二四〇人・禁固七人という重い処分がなされた（免罪は一万一二三七人）。

記録では、裁判長河野敏謙《こうのとがま》が「江藤新平、除族（士族の身分を剥奪する）の上、梟首」の判決文を読み上げた時、江藤は「私は……」と言って立ち上がろうとし尻餅をついた。後ろにいた役人が綱を引いたためであった。裁判に出席していた大久保利通は「江藤、醜態笑止なり」と日記に記したという。江藤は後世まで恐怖のあまり「腰を抜かした」と伝えられることとなったのである。

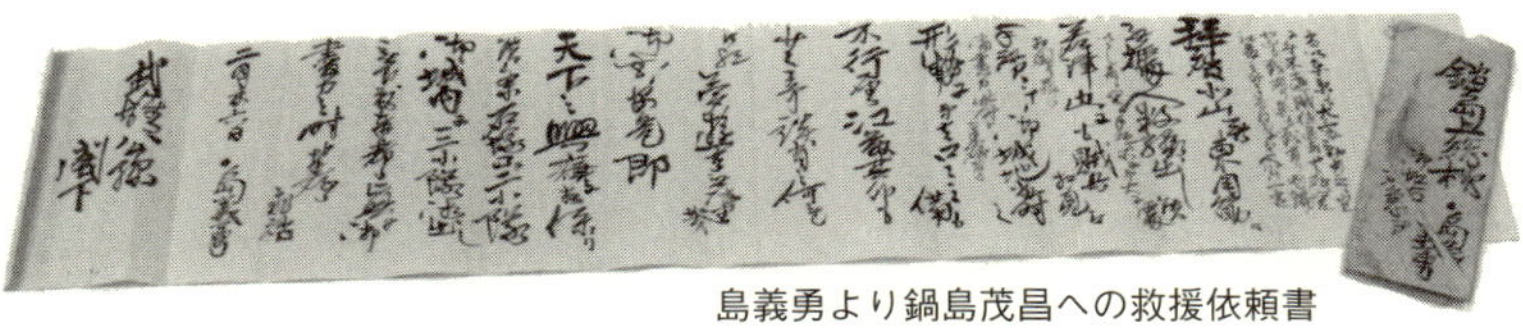

島義勇より鍋島茂昌への救援依頼書
（武雄鍋島家資料／武雄市蔵）

江藤と島の死刑執行はその日のうちに行われた。死に臨んで江藤は「ただ皇天后土（天の神・地の神）の我が志知るあるのみ」と三度高唱したという。

江藤四十一歳、島五十三歳であった。江藤と島の首は、佐賀城から西に四キロメートル離れた嘉瀬川近くの千人塚に三日間さらされた。

江藤新平が司法卿に就任した時、「改訂律令」が編纂され、明治六年六月に発布された（「新典」と呼ばれる）。明治維新早々にできた法典「新律綱領」（「旧典」と呼ばれる）での最重刑は三尺（約九〇センチ）の高さの台の上に罪人の首をさらす梟首刑であった。当時、司法顧問であったフランス人たちがこの刑の残虐さに、日本が「文明ニ向ハントスルナラ、コノ刑ハ最初ニ廃スベシ」と忠告したため、江藤は「新典」では削除した。だが内務卿大久保利通の意思により裁判長河野敏鎌はこれを無視、「旧典」による江藤・島の処刑を実行したのである。

佐賀戦争の歴史的評価

佐賀戦争は、全国的に高まる士族の不平・不満のなかで、士族反乱は避け難いと考えた内務卿大久保利通の挑発に乗り誘発された事件であるとされる。

佐賀戦争以降、政府部内での旧佐賀藩勢力は後退、代わって薩長藩閥中心の政府が出現する道を決定付けた。まさに時代を画する出来事であった。

この後、「明治憲法」(「大日本帝国憲法」)が発布された明治二十二年(一八八九)二月十一日、江藤新平はようやく賊名(国の悪人としての不名誉な名)を解かれた。また、明治四十四年三月、衆議院において故参議司法卿江藤新平の功績表彰が満場一致で可決。同年八月三十日、天皇は江藤の妻千代子に、七十九歳の祝いとして金三〇〇〇円を下賜《かし》。さらに翌大正元年(一九一二)、江藤新平の罪名消滅の証書が交付され、同五年四月には正四位を復位追贈された。また、島義勇に対しても同時に従四位が復位追贈されている。

この佐賀の不平士族によって引き起こされた反乱は、誕生まもない明治政府を大きく揺さぶった。しかし、その後も、不平士族による反乱は、地方に飛び火する。特に明治九年(一八七六)に廃刀令が出され、秩禄《ちつろく》処分で家禄《かろく》が全廃されると、熊本「神風連《しんぷうれん》の乱」、福岡「秋月《あきづき》の乱」、山口「萩の乱」などの反乱が続発、明治十年の西郷隆盛を中心とした鹿児島の「西南の役」へと繋がった。結果的には、明治政府は、この度重なる内戦の苦難を乗り越えたことでその支配基盤が固まったとする見方があり、また、民権派などの不満分子は武力による反抗から、合法的言論闘争へと新たな活路を見出していくこととなった。

佐賀戦争の結果、廃藩置県後、明治五年に再置された「佐賀県」も再び廃止、明治九年四月からは三潴《みづま》県に併合されることとなった。

明治七年戦死諸君之碑

④

佐賀県の誕生と廃止、そして再置

明治新政府は経済基盤が脆弱ながら何とか版籍奉還を成し遂げる。その後、御親兵の編制を終えてその兵力を背景に廃藩置県を断行。佐賀県は誕生しながらも佐賀戦争を経て廃止となってしまった。

版籍奉還で藩主は「知藩事」に

明治初年、戊辰戦争に勝利した明治政府は、中央政府として全国支配を達成した。だが、徳川本家や、戊辰戦争で敵対した藩から没収して獲得した直轄領は全国の総石高の四分の一程度で、それ以外は依然として各藩の支配が続いていた。そのため財政基盤は脆弱《ぜいじゃく》で、その強化が必要であった。一方、各藩も戊辰戦争の戦費負担で財政難は深刻な状況であった。

明治元年（一八六八）十二月二十八日、明治政府は諸藩に対して、府・藩・県の三治制のもとで「藩治《はんち》職制」を定め、藩統治機構の画一化を命令した。その要旨は、「従来の門閥世襲《もんばつせしゅう》の家老制度を廃し、人材登用により執政・参政を置き、藩主を補佐し、朝廷中心の政治に帰一する」「各藩に議事制度を設立し、藩論をまとめ朝廷の政治を支える」などで、従来の藩体制を解体しようとする方向で藩政改革が進められることとなった。

翌二年一月二十日、薩摩・長州・土佐・肥前四藩主連名で、朝廷に「版籍奉還《はんせきほうかん》」の願いが出された。これは政府による中央集権化の一過程として、諸藩主が版図《はんと》（土地）・戸籍《こせき》（人民）を朝廷に還納することで、藩に対する政府の統制力強化を企図したものであった。

三月には、天皇の東京遷都《とうけい(とうきょう)》が完了。これは明治元年から江藤新平が大木喬任・前藩主鍋島直正（閑叟）らと図り、「佐賀論」として岩倉具視に建議したものであった。

さらに五月十六日、版籍奉還の基本方針が決定、六月十七日〜二十五日、二六二藩の上表が出揃い、版籍奉還が断行され、各藩主は領主権を朝廷に返上、「知《ち》藩事《はんじ》」となった。

改革の要点は、「①知藩事の家計を藩収入の一〇パーセントとし、藩財政からの分離　②藩の重職人事は政府の承認が必要　③新たな藩札の発行停止　④藩収入の四・五パーセントは海軍費の名目で政府に納入する」などで、知藩事のもとで藩の体制は残存したが、藩主の領主としての権限はなくなり、藩に対する政府の統制が強まった。藩の自立性は確実に低下することとなったのである。

版籍奉還建白書を提出した後の明治二年（一八六九）二月、佐賀藩十一代藩主鍋島直大《なおひろ》は、江藤新平・副島種臣を同伴して帰藩、彼らによって版籍奉還の実質的実現のための「藩治規約」が定められ、佐賀藩の藩政改革が実施された。

その内容は、「①藩の公的な藩政と、藩主の個人的な家政とを分離し、藩主は毎日藩庁に出座して政務を執る　②土地、人民、全ての税財政は藩庁で取り扱い、藩主の個人的な収支とは区別する　③軍事権その他権限の多くが藩主の個人的な家政から切り離され、公的な藩庁の管下に置かれる」というものであった。

廃藩置県で藩体制は終焉

従来の藩体制の解体が進められるとともに、明治三年（一八七〇）七月には官制改革を開始、神祇官《じんぎかん》・太政官《だじょうかん》を中心に、左右大臣・大納言・参議からなる内閣が創設され、一方では政府部内の対立抗争も激しくなっていった。

岩倉具視と大久保利通らの間では、藩体制解体の最終段階としての「廃藩置県《はいはんちけん》」の具体的協議が始まり、薩摩・長州・土佐三藩の協力体制も成立した。また、この頃から、肥前の実力者、前藩主鍋島閑叟の容体が悪化、明治四年一月十八日には遂に長逝《ちょうせい》した。さらに民部省・大蔵省の大輔を兼任した大隈重信が政府主流派と対立し、佐賀藩は次第に政府主流から外《はず》れていくこととなった。

明治四年（一八七一）二月十三日、直属の軍事力をもたない明治新政府は、自らの強化のため、薩摩・長州・土佐三藩から約一万の「御親兵《ごしんぺい》」の徴兵を命じた。薩摩・長州・土佐三藩の「御親兵」の中に、佐賀藩が加えられなかったことに対し、佐賀藩主鍋島直大は佐賀藩の「知藩事」職返上の申し出を行った。せめて廃藩置県の先駆けを果たそうとする意思の表明と見られているが、これは岩倉具視により制止された。

七月十四日、天皇は「廃藩の詔《みことのり》」を出し、「御親兵」の力を背景に廃藩置県を断行、旧来の藩体制はついに廃止されることとなった。

同じ日、佐賀藩知藩事鍋島直大は「旧藩下三十七万五千余人の〝勉強〟(精を出してつとめること)をのぞむ」とする告諭書を出し、さらに七月二十四日、県下における不平士族の動揺を戒める告諭書を出した。

佐賀県誕生

廃藩置県の直後、全国二六一の諸藩はそのまま県に置きかえられ、版籍奉還に際して旧天領や旗本支配地を政府直轄地として置かれたそれまでの府、県と合わせて三府三〇二県となった。旧藩庁はそのまま県庁となり、知藩事は免官となり、東京府帰属が命じられ、地方官として「府知事」・「県知事」(十一月には「県令」に改める)が置かれ、政府がこれを任免するようになった。

多数成立した新しい県は、同じ年の十一月には整理統合され、三府七二県（明治九年に三府三五県、明治二十一年に三府四三県）となり、同月の「縣治條《けんじじょう》例《れい》」により県治体制の大綱が規定され、画一的な地方制度が誕生したのである。

佐賀地方では、明治四年（一八七一）七月、従来の藩はすべて県に改められ「佐賀県」・「小城県」・「蓮池県」・「鹿島県」・「唐津県」となり、その他の藩領や幕府領（天領）として「厳原《いづはら》県」（田代《たじろ》・浜崎地方）と「長崎県」（厳木《きゅうらぎ》・大川野地方）が成立した。また、廃藩と同時に佐賀県は、人心一新や海上交通の利便を理由として、県庁を伊万里に移すことを民部省に願い出て、同年九月四日、佐賀県庁が伊万里に移され「伊万里県」が成立。初代権令《ごんれい》（県知事）に山岡鉄太郎（鉄舟《てっしゅう》）が任命され、現在の伊万里市の円通寺が臨時の県庁と定められた。

同月、田代・浜崎地方を含め対馬地方も、また十一月には、小城・蓮池・鹿島・唐津、厳木・大川野地方すべてが伊万里県に合併された。

しかし、明治五年五月三日、旧多久領主多久茂族《たくしげつぐ》が二代目権令に就任すると、伊万里は西に片寄り、海上交通も陶磁器の積み出しに限定されていることなどを理由に、佐賀への県庁移転の願い出がなされ、県庁は佐賀へ移転。同月二十九日、県名も「佐賀県」にもどった。また、すでに同年一月には、長崎県と飛地を交換、八月には旧対馬藩の対馬地方を長崎県に移管したため、これにより現在の県域と同じになったのである。

伊万里県庁があった円通寺
（『目で見る佐賀百年史』より）

藩・県制の流れ（略図）

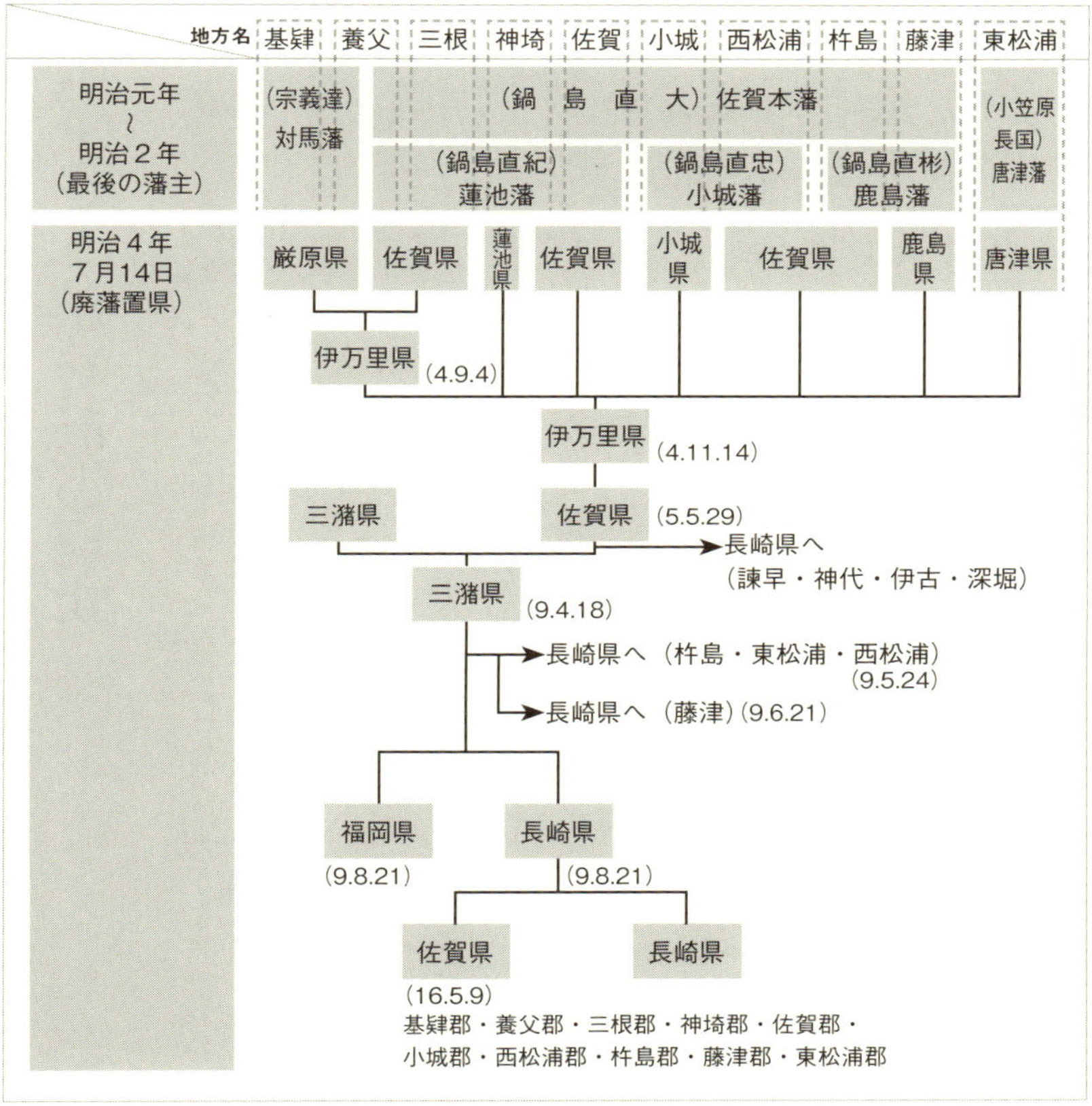

（『改定郷土史事典　佐賀県』（昌平社）の藩・県制一覧の図をもとに作成）

佐賀戦争による佐賀県の廃止

ところが、明治七年（一八七四）の佐賀戦争は再び佐賀県に大きな波紋をもたらした。

前述のごとく、約十日間の戦闘の末、佐賀軍は敗走。他国へ逃れた江藤・島ともに逮捕され梟首《きょうしゅ》に処せられた。

明治九年四月十八日、佐賀県は、三潴《みづま》県（現在の福岡県久留米市三潴町が中心。旧柳川・久留米・三池藩）に合併、佐賀には佐賀支庁が置かれた。また、五月二十四日には杵島《きしま》郡・東松浦郡・西松浦郡が長崎県に、六月二十一日には、藤津郡が長崎県に合併し、七月四日には佐賀支庁も廃止され、三潴県として統合整備された。しかし、八月二十一日には三潴県が廃止され、肥前国全体が長崎県管下となった。この年の府県統廃合で、三府三五県体制が成立、実質、佐賀県も廃止となったのである。もともと廃藩置県当時から一度も統廃合・分離がなかったのは、秋田・山梨・広島・山口の四県だけで、佐賀県をめぐっては慌ただしい統廃合の嵐が吹きぬけた。

佐賀地方は、諸制度の改廃も遅れ、中央政府からは特に反政府的な地域とみなされていた。士族たちに不穏な動きがあり、すでに維新初期には、薩摩・長州の藩閥政府から「難治県《なんちけん》」として注目された地域であったという。このため、県の統廃合でも、三潴や長崎に、と二転三転。さらに、佐賀戦争後、明治九年の府県統廃合で佐賀県が廃止されたことは、あらゆる面で佐賀の発展を阻害し地域的後進性をもたらすこととなった。

悲願の佐賀県再置

明治十五年（一八八二）二月、「県下佐賀近辺に於て、近来長崎県庁を佐賀町へ移転せられんことを出願せんなど云触らせ（中略）同町有志の士所々に寄り集り佐賀県再置の儀を出願せんとて昨今頻りに協議中なる由」と、地元紙は伝えた。

佐賀の町各所で数十人の有志による請願集会が開かれるようになり、「佐賀県を復するの議」として、「①明治九年の府県統廃合後、佐賀県の復県運動はあったものの、佐賀戦争以来、政府の嫌疑を恐れ皆緘黙《かんもく》し（口を閉ざし）、嘆願の手続きができない　②遠く長崎県に併せられたため、佐賀県域の住民は不便で、農工商の事業は日々衰弊《すいへい》、その挽回には佐賀県を復するほかなし　③長崎地方と佐賀地方は人情・風俗が異なり、佐賀県を復するのが妥当である　④旧藩主の家禄二十〜三十万石以上の大藩にはおおむね県庁が置かれている（佐賀藩の石高は三十五万七千石）」などを決議し、佐賀県の復県（再置）運動が展開された。

この運動の結果、明治十六年五月九日、長崎県から独立し、三たび「佐賀県」が再置されることとなった。

明治十六年七月一日、佐賀城内北堀端《きたほりばた》の佐賀変則中学校★の校舎を佐賀県庁として開庁式を挙行、まもなくして最初の県会議員選挙も実施され、八月十三日には、現在の佐賀市呉服元町の願正寺《がんしょうじ》で最初の県議会が開催された。幾多の変遷と激動を経た後たどり着いた、まさに佐賀の近代の出発点というべき出来事であった。

▼佐賀変則中学校
現在の県立佐賀西高等学校。

明治20年落成の佐賀県庁。明治39年撮影
（『佐賀県の百年』より）

県会議事堂。明治29年完成、撮影は末年
（『佐賀県の百年』より）

これも佐賀

書の巨人 梧竹《ごちく》と蒼海《そうかい》

佐賀県出身の書道家として、双璧をなす中林梧竹（一八二七～一九一三）と副島蒼海（一八二八～一九〇五）。同時代を生きた二人は、中林梧竹が小城で、副島蒼海は佐賀で生まれたが、ともに清国を漫遊し書の道を深め、また、東京でもそれぞれの道を歩みながら、たがいに親交を深めた。

中林梧竹（なかばやしごちく）

小城藩士中林経緯の長男として小城郡小城町新小路に生まれた。名は隆経《たかつね》、号は梧竹。五歳の時、小城藩祖を祀る岡山神社境内での献書会で、畳一枚ほどの紙に大書して一躍注目を集め、小城藩主鍋島直堯《なおたか》より褒美として成人まで毎年、米百俵を拝領したという。

明治十五年（一八八二）、五十六歳で清国に渡り、有数の書家であった潘存《はんそん》に学び一年半の滞在ののち帰国した。副島種臣らの紹介で銀座の洋服店「伊勢幸」に身を寄せ、ここで二十九年間、書の道に専念。銀座をこよなく愛し、彼の芸術は「伊勢幸」で完成したといえる。賑やかな町が好きで「淋しいところでは字が死んでしまう」と語ったという。彼はまた、富士山を深く信仰し、生涯七回登山。明治三十一年には、「鎮国の山」の銅鋳碑を山頂に建立した。

八十二歳の時、小城郡三日月町に観音堂と梧竹村荘を建立、その祝いに皇后から宝帳を、宮中女官一二人から和歌をいただき、翌年再び皇后から御香筥を賜り、このことは梧竹を大変感激させたという。

大正元年（一九一二）に中風を発病。翌年五月、小城に帰郷したが八月四日に八十七歳で没した。

副島蒼海（そえじまそうかい）

副島種臣《たねおみ》のこと。蒼海は号。佐賀藩校弘道館教授枝吉忠左衛門種彰《たねあきら》（南濠《なんごう》）の二男として佐賀市鬼丸《おにまる》（南堀端《みなみほりばた》）に生まれた。元服後、二郎龍種《たつたね》を名乗った。安政六年（一八五九）、佐賀藩士副島和忠の養子となり、三十八歳の時、長崎に佐賀藩が設けた英学塾致遠館《ちえんかん》に学んだ。

明治元年（一八六八）年、明治政府の参与、制度取調局判事となり、翌年、参議。同四年、外務卿となり、樺太境界線についてロシアと談判、また横浜港に寄港したペルー商船マリア・ルーズ号に監禁されていた中国人奴隷二三一人を解放。正義人道の人として副島の名は海外にも知られた。

明治六年、特命全権大使として清国に渡り、日清修好通商条約調印などで活躍をしたが、十月、西郷隆盛・板垣退助・江藤新平らと征韓論を唱えて敗れ、辞職。同九年から約二年間、清国漫遊の旅に出た。

明治十二年、一等侍講（天皇に仕え学問の講義をする）、以後、宮中顧問官、枢密院顧問官、松方内閣の内務大臣などを歴任。同十七年、伯爵。三十八年に七十八歳で死去し、勲一等旭日桐花大綬章を授けられた。

副島は、以上のような政治家の一面と、同時に、「蒼海」という号をもつ書道家としてもきわめて著名である。蒼海の書はあくまでも余技で、四十歳を過ぎてからのものだが、当時一流の書家と比べてもまったく遜色がない。とくに彼の書に一転機をもたらしたのは、明治九年から約二年間の清国漫遊の旅であったという。

蒼海の書は、中国の各書体、各時代の書家を広く研究したものの上に成り立っているが、真似事ではなく独創的で、作風は謹厳なもの、奔放なもの、人の意外に出るものなどがあり、いずれも気迫に満ち、厳粛で格調を失わないものと高く評価される。

佐賀が生んだ〝梧竹〟と〝蒼海〟

梧竹は、生涯の約半分を小城以外の土地で過ごし、小城以外の土地での修行が彼の書を完成されたものに導いた。だが、彼が小城で生まれ育ち、藩校興譲館に学び、また、幼少時代に彼の才能に注目した小城藩主から、成人するまで米百俵をもらい続けたこと、彼の修行時代、小城清水の滝の水を汲んで日夜、書の修行に励んだこと、梧竹の名が小城の家の庭園にあった梧《あおぎり》と竹に由来することなどを考え合せても、佐賀の風土に深い由縁を感じる。

同様に、蒼海も、佐賀の城下に生まれ、実直な教育者として名高い父南濠と兄神陽の強い影響を受けた。そのことは、蒼海の書の印章の押し方にも顕著で、梧竹のそれが「ある人が先生（梧竹）に印ぐらいはまっすぐに押してくださいと申し上げると、印をまっすぐに押してあるのは偽物だと言われた」と伝えられるほど、おおらかに押されているのに対し、蒼海の場合は、自ら揮毫したことに全責任を負うべく、どの印章もまっすぐに押されており、その謹厳な性格が見て取れる。だが反面、書そのものは、形式にとらわれず、芸術性の高い大胆さ、奔放さを感じさせ、興味は尽きない。

また、彼は佐賀の武士道の原典である『葉隠』を愛読したというが、「紙いっぱいに一字書くと思い、紙を書き破ると思うて書くべし。よしあしはそれしゃの仕事なり。武士はあぐまぬ一種にて済むなり。」（紙いっぱいに、ただ一字書くと思い、また勢いで紙が破れてもよいと思って書くがよい。上手・下手をいうのは書道家の仕事だ。武士は思い切りよくやることでよいのだ）という一節があり、彼の書の豪放さ・豪快さは、蒼海が佐賀の葉隠武士であること、また、蒼海の書の土壌に佐賀が在ることの証明といえる。

なお、佐賀市高伝寺の蒼海の墓碑銘は、梧竹の揮毫である。

梧竹と蒼海の二人は、文字通り〝佐賀が生んだ書の巨人〟と言うべき存在である。

あとがき

私は山口県山口市に生まれ、高校時代までその地で過ごした。正真正銘、生まれも育ちも山口である。しかし、私の両親はともに佐賀市の出身で、幼い頃から両親に連れられ、汽車で何度も佐賀に行き来した。私にとって佐賀は大好きな場所で、その意味では、山口に生まれ育ったことは偶々《たまたま》に過ぎない。私の身体の中には歴とした佐賀人の血が流れている。

実際、我《わ》が家《や》には、佐賀藩士であった先祖から伝えられた鎧と兜があって、端午の節句の頃になると、これを玄関先に飾るのが私の役目であり、嬉々としてその仕事に取り組んだ私自身の姿を今懐かしく思い出す。ところで、鎧櫃《よろいびつ》の中には、兜をくるんだ布があり、白地と紺地に染め分けられた布地の白地部分には、佐賀藩の翹葉紋《ぎょうようもん》が染め抜かれており、うす汚い襤褸《ぼろ》な風呂敷だと思いながらも、幼心に由緒あるものと大切に扱っていた記憶がある。ところが、後年になって調べてみると、この布地が、実は海軍伝習所で使用された佐賀藩の隅取《すみとり》旗であることがわかった。

『佐嘉城下竈帳《かまどちょう》』（鍋島報效会蔵）のうち嘉永七年（一八五四）の「道祖元町《さやんもと（さやのもと）》竈帳」には、私の曾祖父に当たる「川副与八《よはち》」の名が記され、この年、二十六歳の与八は、二十三歳の妻と七歳を頭に三人の娘、七十四歳の祖母の六人家族で「表口三間四尺七寸五分　裏横三間四尺七寸五分　入拾弐間」（およそ一三五平方メートル）の家に住んでいたことがわかる。さして裕福な暮らしぶりではなかったであろうことも想像される。

だが、与八はこの頃、佐賀藩蘭学寮の学生で、翌安政二年（一八五五）から始まる長崎の海軍伝習に佐賀藩から派遣された四八名のうちの一人に選ばれている。おそらくこのことが我が家に佐賀藩旗が遺された理由と思われる。そうした事情がわかってくると、現在、私が武雄市の歴史資料館で、江戸時代後期の佐賀藩が進取した蘭学資料に囲まれて勤務していることも、あながち偶然とばかりは言えず、因縁めいたものすら脳裏に去来する。

長々と駄文を並べた……。

さて、本書の執筆にあたっては、平成九年（一九九七）に勤務した佐賀県立神埼清明高校総合学科で、「佐賀県の歴史と文化」という講座を担当するときに作成した資料をベースにした。当時、佐賀県の歴史を通観できる簡便な刊行物が見当たらず、自前で作ってしまえ!!と取り組んだ。種々の書籍を参考に、週二回の授業ごとに配布しようと、単元ごとに四九項目のテキストをワープロに向き合いまとめ上げた記憶が甦る。今回、思いがけず、佐賀大学地域学歴史文化研究センターの青木歳幸教授の紹介により、シリーズ藩物語『佐賀藩』の執筆を引き受け、その一部を利用し、刊行にこぎつけた。紙面を借り、青木教授と現代書館社長の菊地泰博氏、さらに資料提供等でお世話いただいた諸機関・諸氏に謝意を表したい。

なお、佐賀藩の支藩、鹿島藩・小城藩・蓮池藩については、別途出版の予定と聞き及んでいる。本書ではこれら支藩の記述は最低限にとどめたことを追記したい。

本書を執筆するにあたり引用し、参考とした文献

【一般書】
『佐賀県の歴史』（山川出版社）
『新版　佐賀県の歴史』（山川出版社）
『佐賀県大百科事典』（佐賀新聞社）
『佐賀市史』／『佐賀県史』
『佐賀歴史散歩　葉隠のふるさと』（滝口康彦　創元社）
『佐賀県の歴史散歩』（山川出版社）
『佐賀市の文化遺産』（佐賀市教育委員会）
『佐賀県の文化財』（佐賀県教育委員会）
『佐賀市の文化財』（佐賀市教育委員会）
『佐賀県ふるさと歴史物語』（佐賀県教育委員会）
『佐賀県の地名』（平凡社）
『佐賀県歴史人物事典』（洋学堂）
『佐賀県地名大辞典』（角川書店）
『脊振村史』／『三瀬村史』／『神埼町史』／『基山町史』／『武雄市史』／『嬉野町史』／『多久市史』
『上天草市史　大矢野町編3　天草島原の乱とその前後』（上天草市）
『龍造寺隆信』川副博著（人物往来社）
『五州二島の太守　龍造寺隆信』川副博著　川副義敦考訂（佐賀新聞社）
『歴史群像十二　戦国九州軍記』（学習研究社）
『戦国九州三国志』（学習研究社）
『改定郷土史事典　佐賀県』（昌平社）
『肥陽軍記』（勉誠社）
『佐賀県の山』（山と渓谷社）
『肥前おんな風土記』豊増幸子著（佐賀新聞社）
『黄金太閤』山室恭子著（中公新書）
『フロイス　日本史』（中央公論社）
『日本の怪奇ばなし10　佐賀の化け猫』（岩崎書店）
『日本の伝説38　佐賀の伝説』（角川書店）
『長崎県の歴史』（山川出版社）
『図説　佐賀・小城・多久の歴史』（郷土出版社）
『図説　武雄・鹿島・嬉野・杵島・藤津の歴史』（郷土出版社）
『FUKUOKA　STYLE　洋学の九州』（福博綜合印刷）
『校註　葉隠』栗原荒野著（青潮社）
『葉隠　鍋島武士の人間模様』滝口康彦（創元社）
『日本の名著　葉隠』（中央公論社）
『葉隠入門』三島由紀夫著（光文社）
『葉隠　一日一言』河村健太郎著（佐賀新聞社）
『神埼町の文化財　第3集』（神埼町教育委員会）
『新長崎街道』（読売新聞西部本社）
『新景旧景　長崎街道』（佐賀新聞社）
『鎖国下の異文化情報路　長崎街道』丸山雍成著（NHK出版）
『長崎街道1　大里・小倉と筑前六宿』（図書出版のぶ工房）
『長崎街道2　肥前佐賀路』（図書出版のぶ工房）
『江戸参府紀行』ジーボルト著・斎藤信訳（平凡社）
『江戸参府旅行日記』ケンペル著・斎藤信訳（平凡社）
『日本渡航記』ゴンチャロフ著・高野明・島田陽共訳（雄松堂出版）
『伊能図で甦る古の夢　長崎街道』川島悦子著（株式会社ゼンリンプリンティックス）
『鍋島閑叟』杉谷昭著（中公新書）
『佐賀藩と反射炉』長野暹著（新日本新書）
『幕末維新と佐賀藩　日本西洋化の原点』毛利敏彦著（中公新書）
『佐賀医療百年』鍵山栄著（佐賀県医師会）
『佐賀の蘭学者たち』鍵山栄著（佐賀新聞社）
『九州の蘭学』（思文閣出版）
『佐賀藩銃砲沿革史』秀島成忠著
『佐賀藩海軍史』秀島成忠著
『佐賀県ふるさと歴史物語』（佐賀県教育委員会）
『日本のやきもの　有田　伊万里』大橋康二著（淡交社）
『鍋島直正公伝』
『長崎海軍伝習所の日々』（平凡社）
『佐賀が生んだ幕末・明治の500人』福岡博著（佐賀新聞社）
『近代西洋文明との出会い―黎明期の西南雄藩―』（思文閣出版）
『幕末佐賀藩の対外関係の研究』アンドリュー・コビング著（鍋島報效会）
『ふるさと。人と風土　佐賀県政100年記念企画』（サガテレビ）
『日本の歴史』（ほるぷ出版）
『週間朝日百科　日本の歴史9・15・93・96・98』（朝日新聞社）
『ジュニア・ワイド版　日本の歴史　天下泰平の時代』（集英社）
『万延元年遣米使節　航米記』（青潮社）
『日本の歴史』（中央公論社）
『日本の歴史』（小学館）
『久米邦武』高田誠二著（ミネルヴァ書房）

『佐野常民伝』（川副町教育委員会）
『佐賀藩戊辰戦史』宮田幸太郎著
『武雄史』石井良一著
『武雄の歴史散歩』（武雄市郷土史研究会）
『新・武雄の歴史散歩』（武雄市郷土史研究会）
『NHK歴史への招待20』（日本放送協会）
『NHK歴史発見8』「明治の維新留学生」（角川書店）
高校教科書『詳説日本史』（山川出版社）
高校教科書『詳説日本史　教授資料』（山川出版社）
『郷土史に輝く人びと　江藤新平』（佐賀県青少年育成県民会議）
『郷土史に輝く人びと　島義勇』（佐賀県青少年育成県民会議）
『日本史必修史料集』（啓隆社）
『錦絵幕末明治の歴史7　士族叛乱』（講談社）
『幕末　nippon』（角川春樹事務所）
『県民百年史　佐賀県の百年』（山川出版社）
『佐賀県の百年』（佐賀県立博物館）
『佐賀この百年』（佐賀新聞社）
『目で見る佐賀百年史　明治・大正・昭和秘蔵写真集』（佐賀新聞社）
『ふるさとの思い出写真集　明治・大正・昭和　佐賀』（国書刊行会）
『目で見る佐賀・小城・多久の100年』（郷土出版社）
小説『アームストロング砲』司馬遼太郎著（講談社文庫）
『肥前叢書二　北肥戦誌』（青潮社）
『国史大辞典』（吉川弘文館）
『日本史辞典』（角川書店）
『日本全史　ジャパンクロニック』（講談社）
『鉄道百年の物語』（講談社）
『野田家日記』（西日本文化協会）
『特命全権大使　米欧回覧実記』久米邦武編（宗高書房）
『江藤新平』毛利敏彦著（中公新書）
『人物叢書　江藤新平』杉谷昭著（吉川弘文館）
『日本赤十字社発達史』川俣馨一（日本赤十字社）
『日赤の創始者　佐野常民』吉川龍子（吉川弘文館）
『郷土の先覚者―明日を拓いた佐賀の人―』（佐賀県教育委員会）
『墨スペシャル19　中林梧竹』（芸術新潮社）
『佐賀藩の初期を支えた男　成富兵庫茂安』田中耕作（佐賀新聞社）
『成富兵庫茂安―その武略と民政―』（佐賀県教育委員会）
『西日本人物誌18　大隈重信』大園隆二郎（西日本新聞社）
『島原・天草の乱』煎本増夫著（新人物往来社）

【図録・報告書等】

『武雄　鍋島家・温泉・焼き物』（武雄市図書館・歴史資料館）
『戦国を駆ける武将たち』（佐賀県立博物館）
『唐入り』（佐賀県立名護屋城博物館）
『郷土の先覚者書画』（佐賀県立博物館）
『肥前歴史の旅』（佐賀県立博物館）
『佐賀県の歴史と文化』（佐賀県立博物館）
『県政百年記念展　佐賀県の百年』（佐賀県立博物館）
『蘭学館』（武雄市図書館・歴史資料館）
『蘭学の来た道』（武雄市図書館・歴史資料館）
『幕末における佐賀藩鋳造の大砲とその復元』（佐賀県立博物館）
『佐野常民』（佐賀県立博物館）
『近代化の軌跡　幕末佐賀藩の挑戦』（佐賀県立博物館）
『大艦・巨砲ヲ造ル　江戸時代の科学技術』（佐賀県立博物館）
『佐野常民記念館図録』（川副町教育委員会）
『武雄軍団　秋田を駆ける』（武雄市図書館・歴史資料館）
『温泉　和みの空間』（武雄市図書館・歴史資料館）
『岩倉使節団　内なる開国』（社団法人　霞会館）
『海外における公家　大名展』（社団法人　霞会館）
『海に火輪を　山口尚芳の米欧回覧』（武雄市図書館・歴史資料館）
『久米邦武と米欧回覧実記』（久米美術館）
『歴史家久米邦武展』（久米美術館）
『皆春齋』（武雄市図書館・歴史資料館）
『戦国の武雄と九州』（武雄市図書館・歴史資料館）
『近代との遭遇』（佐賀県立佐賀城本丸歴史館）
『蒼海・梧竹』（佐賀県立美術館）
『蒼海梧竹の書』（佐賀県立博物館）
『佐賀城本丸御殿　建設復元工事　報告書』（佐賀県立佐賀城本丸歴史館）
『佐賀県立佐賀城本丸歴史館　研究紀要第三号』（佐賀県立佐賀城本丸歴史館）

川副義敦（かわそえ・よしあつ）
昭和三十年（一九五五）山口県山口市生まれ。熊本大学大学院修了。佐賀県立佐賀西高校教諭、
佐賀県立博物館勤務等を経て、現在、武雄市図書館・歴史資料館学芸員（歴史資料専門官）。佐賀市在住。
展覧会図録や中世・近世・近代関係『上峰村史（中世担当）』『神道体系（肥前国担当）』
『戦国大名家臣団辞典（龍造寺氏担当）』『五州二島の太守　龍造寺隆信』（考訂）『佐賀偉人伝　平山醇左衛門』
『戦国の肥前と龍造寺隆信』『佐賀県謎解き散歩』（監修）ほかの執筆に関わる。

シリーズ藩物語　**佐賀藩**
二〇一〇年九月十日　第一版第一刷発行
二〇一八年十一月一日　第一版第二刷発行
著者――川副義敦
発行者――菊地泰博
発行所――株式会社　現代書館
東京都千代田区飯田橋三―二―五　郵便番号102-0072　http://www.gendaishokan.co.jp/
電話　03-3221-1321　FAX　03-3262-5906　振替　00120-3-83725
組版――デザイン・編集室　エディット
装丁――中山銀士＋杉山健慈
印刷――平河工業社（本文）東光印刷所（カバー、表紙・扉、見返し、帯）
製本――越後堂製本
編集――二又和仁
編集協力――黒澤　務
校正協力――岩田純子
 ISBN978-4-7684-7122-7

協力機関・協力者（順不同）
公益財団法人　鍋島報效会
佐賀県立図書館
佐賀県立博物館・美術館
武雄市図書館・歴史資料館
佐賀大学附属図書館
佐賀県立名護屋城博物館
佐賀県立佐賀城本丸歴史館
佐嘉神社
佐野常民記念館
大隈重信記念館
宗龍寺
天祐寺
高伝寺
久米美術館
朝日惠子
岩松要輔
大宅光治
志波一郎
西村慶介
山領春實
藤口悦子
近藤貴子
一ノ瀬明子
井上佳代子
長井倫子

江戸末期の各藩

松前、**八戸**、七戸、黒石、**弘前**、**盛岡**、**一関**、秋田、亀田、本荘、秋田新田、仙台、松山、**新庄**、**庄内**、天童、長瀞、**山形**、上山、**米沢**、米沢新田、相馬、福島、**二本松**、三春、**会津**、**守山**、棚倉、平、湯長谷、泉、**村上**、黒川、三日市、**新発田**、村松、三根山、与板、**長岡**、椎谷、**高田**、糸魚川、松岡、笠間、宍戸、**水戸**、下館、結城、**古河**、下妻、府中、土浦、麻生、谷田部、牛久、大田原、黒羽、烏山、喜連川、**宇都宮・高徳**、壬生、吹上、**足利**、佐野、関宿、高岡、佐倉、小見川、多古、一宮、**生実**、鶴牧、久留里、大多喜、請西、飯野、佐貫、勝山、館山、岩槻、忍、岡部、**川越**、沼田、前橋、**伊勢崎**、館林、高崎、吉井、小幡、安中、七日市、飯山、須坂、**松代**、**上田**、**小諸**、岩村田、田野口、**松本**、諏訪、**高遠**、飯田、金沢、荻野山中、**小田原**、**沼津**、小島、田中、掛川、**相良**、横須賀、浜松、富山、加賀、大聖寺、郡上、高富、苗木、岩村、加納、大垣、高須、今尾、犬山、挙母、岡崎、西大平、西尾、吉田、田原、大垣新田、尾張、**刈谷**、西端、長島、**桑名**、神戸、菰野、亀山、津、久居、鳥羽、宮川、彦根、大溝、山上、西大路、三上、膳所、水口、丸岡、勝山、大野、**福井**、鯖江、敦賀、小浜、**淀**、新宮、田辺、紀州、峯山、宮津、田辺、綾部、山家、園部、亀山、福知山、柳生、柳本、芝村、郡山、小泉、櫛羅、高取、高槻、麻田、丹南、狭山、岸和田、伯太、豊岡、出石、柏原、篠山、尼崎、三田、三草、明石、小野、姫路、林田、安志、龍野、山崎、三日月、赤穂、鳥取、若桜、鹿野、**津山**、勝山、新見、岡山、庭瀬、足守、岡田、岡山新田、浅尾、松山、鴨方、福山、広島、広島新田、高松、丸亀、多度津、西条、小松、今治、松山、**大洲・新谷**、**伊予吉田**、**宇和島**、徳島、**土佐**、土佐新田、**松江**、広瀬、母里、浜田、津和野、岩国、徳山、長州、長府、清末、小倉、小倉新田、**福岡**、**秋月**、**久留米**、柳河、**三池**、蓮池、唐津、**佐賀**、小城、鹿島、大村、島原、平戸、平戸新田、**中津**、杵築、日出、**府内**、臼杵、**佐伯**、森、**岡**、熊本、熊本新田、宇土、人吉、延岡、高鍋、佐土原、飫肥、薩摩、対馬、五島（各藩名は版籍奉還時を基準とし、藩主家名ではなく、地名で統一した）

★太字は既刊

シリーズ藩物語・別冊『それぞれの戊辰戦争』（佐藤竜一著、一六〇〇円＋税）

江戸末期の各藩
（数字は万石。万石以下は四捨五入）